おなかぺこぺこオノマトペ
I'm PEKO-PEKO Hungry!

きのとりこ
KINOTORIKO

千倉書房
Chikura Publishing Company

はじめに
Preface

　何年か前、イタリア語の先生が母国から友人を招いて、私を含めた生徒数人で食事をする機会がありました。食品関係の仕事をしているその人に、「おなかぺこぺこ」「おなかぱんぱん」という言葉を紹介すると、それをとても気にいって、彼がその後に訪ねたレストランではいつも、店に入るなり大きな声で「おなかぺこぺこ！」と言い、食べおわると「おなかぱんぱん！」と言って、店内を大いに湧かせたということです。そんなエピソードが、この本を作るきっかけになり、タイトルにもなりました。

　そういえば以前、日本に長く住むフランス語の先生が「『雨がざーざー』は分かるけど、『髪がごわごわ』は分からない！」と真剣に悩んでいたのを思いだしました。物や生物の出す音を表した擬音語は分かりやすくても、物の状態や心情を音で表す擬態語は、説明することも難しいと感じます。オノマトペとは、擬音語と擬態語の総称です。

　日本語で育ってきた人は、オノマトペを特に意識もせずに、文中でも会話でも日常的に使います。が、他の言葉に置きかえようとすると、その「含み」を伝える短い言葉は探しにくいのです。ましてや外国語に翻訳するとなると……。

　そこで、この本ではオノマトペをテーマ別に、一連の絵で表現しました。まずはこれらの場面だけを見て、オノマトペの意味や雰囲気を感じとって欲しいと思います。興味があれば、場面を説明した和英の文を比べてみたり、さらには一つ一つの語の意味も確認できるようになっています。

ここでは主に、巻末の参考文献に掲載されているオノマトペを扱っていますが、辞書に載っていないものも取りあげています。例えば「もふもふ」。比較的新しい言葉ですが、すっかり定着しました。他にも SNS 等で誰かが書いて、それが広まる場合や、作家が新しい表現として創作する場合があります。オノマトペはいろいろな品詞に変身し、他の語とも結びつきやすく、自由な語だと言えます。人々が、あるオノマトペから同じ印象を受けとるのは、そこに共通の歴史や文化があるからでしょう。外国の方の受ける印象が気になります。

　日本を訪れる観光客、日本に住んで働いて、日本語を学ぶ外国の人も増えてきました。食事の席や学校や職場で、この本をコミュニケーションに役立てていただければ幸いです。そして、かわいい動物の動画を見ながら「このもふもふにきゅん死する！」の意味を解説してみてはいかがでしょうか？

　Some years ago, my teacher of the Italian language invited his friend from his homeland, and with other Japanese students, we had the opportunity to have lunch together. Then, to the visiting friend who worked in the food industry, we introduced the expression "onaka PEKO-PEKO"(p.10) and "onaka PAN-PAN"(ɔ.20). He liked these phrases and afterwards during the stay, every time he visited a restaurant, he yelled "onaka PEKO-PEKO!" at the entrance and "onaka PAN-PAN!" after the meal, and it made people there delighted. This inspired me to create this book and to put it into the title.

　This episode reminded me of my French teacher who had been living for a loŋg time in Japan, wondering seriously "I understand the rain falling 'ZAA-ZAA'(p.139), but the hair being 'GOWA-GOWA'(p.90), not at all!"

　Words that reproduce or represent natural noises, so-called "onomatopoeia" are quite understandable, but the "sounds" to symbolize some condition of things or someone's state of mind, so-called "mimetic words" are difficult to explain. In this book, the onomatopoeia is the general term for these two.

For Japanese native speakers, the onomatopoeia is naturally used, frequently both in sentences and conversations. But if we try to put it in other words, it is difficult to find the right phrase keeping its nuance and the atmosphere. Even more, if we try to translate to another language......

So, this is a book of onomatopoeia presented by sets of illustrations in different scenes. First of all, I recommend to the readers just to look at the illustrations and feel the meaning and implication of the words. And then, if you want to know further, there are sentences in Japanese and English with the descriptions of each word. The pronunciation is really just a clue, I expect your Japanese friend would demonstrate it properly.

There are some words that are not in the dictionary. For example, "MOFU-MOFU"(p.93) is quite new but rapidly spread widely. Sometimes a new onomatopoeia casually said on social media spreads, sometimes a writer invents it deliberately. In this way, the onomatopoeia is flexible. It also changes its function in the sentence and easily compounds with other words. There must be a historical and cultural basis in common among the people who get the same impression from a certain onomatopoeia. So it's interesting to know the non-native speakers' impressions.

The number of foreign people who come to Japan is increasing; as tourists, or to live, work and learn the language. I hope this book stimulates the communications at the table, with your colleagues, or at your school, etc. And try to ask a native speaker what this phrase means, looking at the video of a cute animal;
"I will be KYUN(p.63)-dead of this MOFU-MOFU!"

きのとりこ
Kinotoriko.—

目次 Contents

この本の使いかた How to use this book

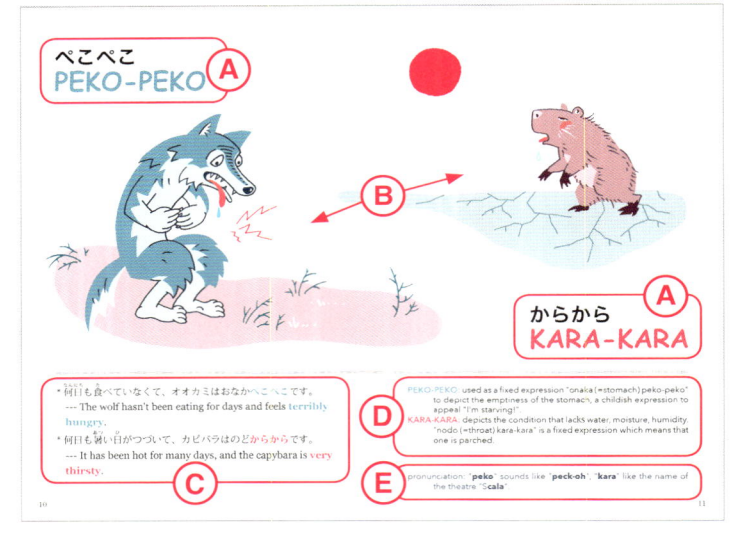

(A) オノマトペのひらがな表記とローマ字表記
the onomatopoeia in Japanese "hiragana"
and its romanization (→p.8)

(B) イラストレーション　the illustration

(C) 場面を言葉で説明すると
explaining the situation in both Japanese and English

(D) オノマトペの意味
ひとつのオノマトペが複数の意味を持つことがあります。
ここではこの場面での意味のみ説明します。

the description of the onomatopoeia
Some onomatopoeias have several different meanings. The
meaning in this scene is informed here only.

(E) 発音のヒント
a clue for the pronunciation based in English

各章の最後のページでは、オノマトペの使いかたを紹介してい
ます。言葉の使われかたは常に変化しているので、文法的な説明は
不十分ですが、オノマトペを日常に使う際の参考になるでしょう。
次にいくつかの用語を説明します。

* 形容動詞

　この品詞は英語にはなく、"na-adjective" と訳され、「な」で活用す
る形容詞、という考え方をされています。ここではすべての活用形を
紹介せず、その都度「**な**」や「**だ / です**」を付けて紹介します。

*「する」

　動詞「する」と結びつくオノマトペも多いのですが、ここでも「**す
る**」「**した**」「**している**」等、実用的な活用のみを紹介しています。

* 🔵**と** ページの下、この印の横にあるオノマトペは、文章の中で
副詞として使われる際に、助詞「**と**」を伴うほうが自然な
ものです (ぱっと / そっと)。その他は、「と」があってもなくても良
いもので、文のリズムや作者の好みで判断されます。

　In the last page of each chapter, the usage of the
onomatopoeia is informed. As the use of the word is constantly
changing, the grammatical explanation here is incomplete,
though it will help you to adopt onomatopoetic expressions in
your daily life. Here are some words to be noted:

* na-adjectives

　In English, adjectives don't conjugate, but in Japanese, they
do. "Na-adjectives ' (as well as i-adjectives) function as adjective
and conjugate as verbs. Not all the inflectional forms but
frequently used "**na**" and "**da/desu**" are introduced here.

* suru-verbs

　The verb "**suru**' (="to do") has a tendency to compound
with onomatopoeia. Here, the practical inflectional forms
"**suru**", "**shita**" and "**shiteiru**" are informed.

* 🔵**と** **"to"** (pronounced like "**to**p" without reading "p")
The words listed beside this icon at the bottom of the
page are the onomatopoeias that need to compound
with a particle "**to** ' to fit in the sentence naturally. (e.g., pa**tto**/
so**tto**). Others are flexibly used with or without it, depending
on the rhythm of the sentence or the writer's preference.

ひらがなのローマ字表記 <ruby>字<rt>じ</rt></ruby><ruby>表記<rt>ひょうき</rt></ruby>
Hiragana Romanization Charts

あ A	い I	う U	え E	お O
か KA	き KI	く KU	け KE	こ KO
さ SA	し SHI	す SU	せ SE	そ SO
た TA	ち CHI	つ TSU	て TE	と TO
な NA	に NI	ぬ NU	ね NE	の NO
は HA	ひ HI	ふ FU	へ HE	ほ HO
ま MA	み MI	む MU	め ME	も MO
や YA		ゆ YU		よ YO
ら RA	り RI	る RU	れ RE	ろ RO
わ WA				を O(WO)
ん N(M)				

が GA	ぎ GI	ぐ GU	げ GE	ご GO
ざ ZA	じ JI	ず ZU	ぜ ZE	ぞ ZO
だ DA	ぢ JI	づ ZU	で DE	ど DO
ば BA	び BI	ぶ BU	べ BE	ぼ BO
ぱ PA	ぴ PI	ぷ PU	ぺ PE	ぽ PO

きゃ KYA	きゅ KYU	きょ KYO
しゃ SHA	しゅ SHU	しょ SHO
ちゃ CHA	ちゅ CHU	ちょ CHO
にゃ NYA	にゅ NYU	にょ NYO
ひゃ HYA	ひゅ HYU	ひょ HYO
みゃ MYA	みゅ MYU	みょ MYO
りゃ RYA	りゅ RYU	りょ RYO

ぎゃ GYA	ぎゅ GYU	ぎょ GYO
じゃ JA	じゅ JU	じょ JO
びゃ BYA	びゅ BYU	びょ BYO
ぴゃ PYA	ぴゅ PYU	ぴょ PYO

* **A long vowel**　「ごーごー」「ぜーぜー」 → GOO-GOO, ZEE-ZEE
* **A little "tsu"**　「ずぼっ」「はっ」 → ZUBO', HA'
   To pronounce the word that ends with a little "tsu", put an imaginary (silent) "t" after the word and swallow it just before you utter it.
* **R and L**　The pronunciation of「らりるれろ」is quite different from its romanization. As a clue for the pronunciation, sometimes "L" is used.
* **To pronounce the word like「ぱくぱく PAKU-PAKU」** It sounds more natural not to pronounce each vowel at the end, like "puck-puck". E.g., CHIKU-CHIKU → chick-chick, TEKU-TEKU → "tech-tech", etc.

8

おなかぺこぺこ！
I'm hungry!

ぺこぺこ
PEKO-PEKO

* 何日も食べていなくて、オオカミはおなか**ぺこぺこ**です。
  --- The wolf hasn't been eating for days and feels **terribly hungry**.
* 何日も暑い日がつづいて、カピバラはのど**からから**です。
  --- It has been hot for many days, and the capybara is **very thirsty**.

からから
KARA-KARA

PEKO-PEKO: used as a fixed expression "onaka (=stomach) peko-peko" to depict the emptiness of the stomach, a childish expression to appeal "I'm starving!".

KARA-KARA: depicts the condition that lacks water, moisture, humidity. "nodo (=throat) kara-kara" is a fixed expression which means that one is parched.

pronunciation: "**peko**" sounds like "**peck-oh**", "**kara**" like the name of the theatre "S**cala**".

がつがつ
GATSU-GATSU

* オオカミはついに食事にありついて、あらゆる肉を**がつがつ**食べます。 --- The wolf eventually gets a meal and eats all kinds of meat **greedily**.
* ヤギは牧草を、パンダは笹の葉を**むしゃむしゃ**食べつづけます。 --- The goat keeps **munching** on the meadow grasses, and so does the panda on the bamboo leaves.

むしゃむしゃ
MUSHA-MUSHA

GATSU-GATSU: depicts the way one eats voraciously, devouring, having been so hungry.
MUSHA-MUSHA: depicts the way one eats absorbedly, constantly making mashing, crushing or grinding noise.

pronunciation: "**gatsu**" sounds like "**guts**", "**musha**" like "**m**-p**ush**-**ya**".

もぐもぐ
MOGU-MOGU

* リスはくるみを、ウサギはいちごを**もぐもぐ**食べています。
  --- The squirrel is chewing walnuts, the rabbit is chewing strawberries, both **ceaselessly and with their mouths closed**.
* ラクダは草^{くさ}を**くちゃくちゃ**かみつづけています。
  --- The camel keeps chewing plants **noisily with its mouth open**.

くちゃくちゃ
KUCHA-KUCHA

MOGU-MOGU: depicts the manner of chewing continuously with the mouth closed, while stuffed with food.

KUCHA-KUCHA: depicts the manner of eating with a large chewing sound.

pronunciation: "**mogu**" sounds like "**m**-f**og**", "**kucha**" like "**k**-p**ooch**-**ya**".

ぱくっ
PAKU'

ごくっ
GOKU'

* ペリカンは魚<ruby>魚<rt>さかな</rt></ruby>を**ぱくっ**ととらえ、**ごくっ**とのどを鳴らし、**ごくり**と<ruby>飲<rt>の</rt></ruby>みこみます。 --- The pelican catches a fish **with a snap**, and **with a gulping sound**, **sends it down** the throat.
* カエルは<ruby>虫<rt>むし</rt></ruby>を**ぱくぱく**、**ぺろり**と食べます。 --- The frog eats a bug **with its mouth wide open**, and **finishes it up quickly**.

ぱくぱく
PAKU-PAKU

ぺろり
PERORI

ごくり
GOKURI

PAKU': depicts the rapid action to seize something with the mouth.
GOKU': the sound of swallowing something at one gulp.
GOKURI: the sound at the end of the gulp.
PAKU-PAKU: depicts the movement of one's mouth that opens and shuts repeatedly, or the manner of eating vigorously.
PERORI: depicts the manner of eating things up rapidly.

pronunciation: "**paku'**" sounds like "pa**pa-coul**d", "**goku'**" like "**go**d-**coul**d", both with the stress on "could" with all "d"s silent. "**gokuri**" like "**go-coolly**" with the vowels shortened. "**paku**" sounds like "**puck**", "**perori**" like "**pe**n-**lolly**".

17

ごくごく
GOKU-GOKU

ぴちゃぴちゃ
PICHA-PICHA

* カピバラはボトルでごくごくと、子ネコはボウルからぴちゃぴちゃと 牛乳を飲みます。--- The capybara **gulps down** bottles of milk, while the kitten **laps up** a bowl of milk.
* ゴリラはビールをぐびぐびと、サルはお酒をちびりちびりと飲みます。--- The gorilla **guzzles** the beer, while the monkey **sips** at his saké.

ぐびぐび
GUBI-GUBI

ちびりちびり
CHIBIRI-CHIBIRI

GOKU-GOKU: depicts the way one drinks a large amount of liquid heartily, or the sound of the throat.

PICHA-PICHA: the continuous sound of lapping or licking liquid.

GUBI-GUBI: depicts the way one drinks a large amount of liquid (usually a type of alcohol), eagerly and rapidly.

CHIBIRI-CHIBIRI: depicts the way one drinks (usually a type of alcohol), slowly, little by little.

pronunciation: "**goku**" sounds like "**g**-r**ock**", "**picha**" like "**pitch**-**ya**", "**gubi**" like "**g**-r**uby**" with the vowels shortened, "**chibiri**" like "**chee**se-be-**free**" with the vowels shortened.

ぱんぱん
PAN-PAN

* みんな食べすぎて、おなか**ぱんぱん**です！ --- They all ate too much and now they are **stuffed**!

* こちらはみんな飲みすぎて、おなか**がぼがぼ**です！ --- Here, they all drank too much and now they feel **the liquids gurgle in their stomach**!

がぼがぼ

GABO-GABO

PAN-PAN: depicts the condition of something swollen, almost bursting.
"onaka pan-pan" is a fixed expression which means that one is
extremely full.

GABO-GABO: used as a fixed expression "onaka gabo-gabo" to depict
one's condition where the stomach is filled with liquid, enough
to make noise inside.

pronunciation: "**pan**" sounds like "**pun**", "**gabo**" like "**g**-h**ub-oh**".

おなかの具合と食べかたいろいろ
The condition of your stomach and eating manners

オノマトペの主な使いかた

体の状態を表す、**ぺこぺこ / からから / ぱんぱん / がぼがぼ** は、形容動詞の活用語尾と共に「おなか**ぺこぺこ**だ」「のどが **からから**になる」等と表現されます。また、「**の**」を付けて「**が ぼがぼ**のおなか」等と、名詞を修飾する語にもなります。

その他のオノマトペは、「食べる」「飲む」「噛む」等の動詞 の前で「どんなふうに」を説明する副詞として働いています。

からからは「**からから**の大地」のように、のどの渇きだけ でなく乾いた環境に対しても使われ、**ぱんぱん**は「かばんが **ぱんぱん**だ」のように、いっぱいになった入れもの等にも使 えます。

to apply in practice

The onomatopoeias that depict the condition of the body as **PEKO-PEKO / KARA-KARA / PAN-PAN / GABO-GABO** function with the inflections of the "na-adjectives"; e.g., "onaka **peko-peko da**"="my stomach **is** empty" or "nodo ga **kara-kara ni** naru"="my throat **becomes** dry". And accompanied by "**no**", they modify the following nouns; e.g., "**gabo-gabo no** onaka"= "the stomach filled with liquid".

Other onomatopoeias function as adverbs in front of verbs like "eat" "drink" "chew", etc. to explain "how".

KARA-KARA can be used not only for thirst but also for a dry environment; e.g., "**kara-kara no** daichi"= "a dried-up land". **PAN-PAN** can be used for any container completely stuffed; e.g., "kaban ga **pan-pan da**"="my bag is full enough".

 ぱくっと pakutto / ごくっと gokutto / ごくりと gokuri-to / ぺろりと perori-to

へとへとです...
Exhausted...

へとへと
HETO-HETO

* ロバはもう**へとへと**で、これ以上、進めません。
  --- The donkey is **exhausted** now, and can't go on any more.
* カンガルーは闘いつづけて**くたくた**になり、ヒョウは走り
  すぎて木の上で**ぐったり**しています。 --- The kangaroo is
  worn out having been fighting so long, and the leopard
  lays slumped on the tree after running too much.

くたくた
KUTA-KUTA

ぐったり
GUTTARI

HETO-HETO: depicts one's condition of being extremely tired.
KUTA-KUTA: almost the same as "HETO-HETO", but it can also be used for things that lose shape, shabby or ragged.
GUTTARI: depicts one's look of losing strength, lacking energy, collapsing, not only from tiredness but also from disease, alcohol, etc.

pronunciation: "**heto**' sounds like "**h**-g**et-oh**", "**kuta**" like "**k**-f**ooter**" with the vowels shortened, "**guttari**" like "**good-tally**".

うとうと
UTO-UTO

こくり
KOKURI

* ペンギンたちは立ったまま**うとうと**とし、ときどき**こくり**とします。--- The penguins are **half asleep** while standing, **nodding** once in a while.
* アザラシたちは氷の上で**ごろごろ**し、ときどき**ごろり**と向きを変えます。--- The seals are **lying lazily** together, sometimes **turning over**.

ごろごろ
GORO-GORO

ごろり
GORORI

UTOUTO: depicts one's condition of falling into a doze.
KOKURI: depicts the movement of one's head bending down while sleeping, also for agreement, or as a greeting.
GORO-GORO: depicts one's attitude of being lazy, or the situation of multiple round and long (relatively heavy) things lying about.
GORORI: depicts the movement of someone/something heavy rolling over.

pronunciation: "**uto**" sounds like a part of "Pl**uto**", "**kokuri**" like "**cock**-tr**uly**", "**goro**" like "**go**-po**lo**" with the vowels shortened, "**gorori**" like "**go**-**lolly**".

ぐーぐー
GUU-GUU

ごーごー
GOO-GOO

* ブタは**ぐーぐー**、ライオンは**ごーごー**と、<ruby>大<rt>おお</rt></ruby>きないびきをか
 いています。--- The pig is **snoring loudly**, the lion too is
 snoring but with a **roaring sound**.

* ヒツジたちは**すやすや**、クマの<ruby>親子<rt>おやこ</rt></ruby>は**ぐっすり**と<ruby>眠<rt>ねむ</rt></ruby>ってい
 ます。--- The sheep are **sleeping peacefully**, also the
 parent and child bear too, are **sleeping soundly**.

すやすや
SUYA-SUYA

ぐっすり
GUSSURI

GUU-GUU: the sound of loud snoring which could be shown as "zzz...".
GOO-GOO: the sound of much louder snoring, causing a thundering noise.
SUYA-SUYA: depicts the way one sleeps calmly, or the soft sound of breathing during sleep.
GUSSURI: depicts the state of profound sleep.

pronunciation: "**guu**" sounds like "**goo**" and "**goo**" like "**goh**", "**suya**" like "**sue-ya**", "**gussuri**" like "**good-Sri** Lanka".

ぱちり
PACHIRI

* 朝^{あさ}がくると、ダチョウは**ぱちり**と目^めを覚^さまします。 --- When the morning comes, the ostrich wakes up instantly **with its eyes wide open**.

* よく眠れたので、ハリネズミたちは**すっきり**しています。 --- Having been sleeping well, the hedgehogs feel **refreshed**.

すっきり
SUKKIRI

PACHIRI: depicts the movement of the eyelid opening wide.
SUKKIRI: depicts one's condition of body and soul becoming free from tiredness, worries and problems, or the look of someone/something being neat and clean.

pronunciation: "**pachiri'**" sounds like "**pa**pa-**chili**", "**sukkiri**" like "**s**-c**oo**k-ch**ili**".

ぴんぴん
PIN-PIN

* 疲れていた者たちも、今はぴんぴんしています。--- Those who have been dead tired are now **alive and kicking**.
* みんな元気もりもりで、はりきっています。--- They are all **full of energy** and in high spirits.

もりもり
MORI-MORI

PIN-PIN: depicts one's condition of being in good shape and feeling brisk, especially after being ill, or in spite of age. Same as "up and around" or "as fit as a fiddle".

MORI-MORI: depicts the sensation of something rising or swelling up. "genki (=energy and spirit) mori-mori" is a fixed expression which means that one is full of liveliness.

pronunciation: "**pin**" sounds just like "**pin**", "**mori**" like "**m-story**".

疲れたら眠って、元気になる！
Go sleep and recover yourself!

オノマトペの主な使いかた

　体の状態を表す、**へとへと / くたくた**は、形容動詞の活用語尾と共に「疲れて**へとへと**だ」「**へとへと**に疲れる」等と表現できます。

　もりもりは「元気**もりもり**」という定型表現の他に「**もりもり**働く」等、副詞として使われます。

　その他のオノマトペも、「横たわる」「眠る」「いびきをかく」「目覚める」等それぞれに適した動詞を修飾する副詞として働きます。このうち、**ぐったり / うとうと / ごろごろ / すっきり / ぴんぴん**は「**する**」と一体になって、「**ごろごろする**」「**すっきり**しました」「**ぴんぴん**している」等と活用されます。

to apply in practice

　The onomatopoeias that depict the condition of the body as **HETO-HETO / KUTA-KUTA** function with the inflections of the "na-adjectives"; e.g., "tsukarete **heto-heto da**" or "**heto-heto ni** tsukareru", that both means "so tired and exhausted".

　About **MORI-MORI**, besides the fixed expression "genki **mori-mori**", it can be used as an adverb; e.g., "**moro-mori** hataraku"="to work energetically".

　Other onomatopoeias function as adverbs to modify verbs that match, such as "lie down" "sleep" "snore" "wake up", etc. Among them, **GUTTARI / UTO-UTO / GORO-GORO / SUKKIRI / PIN-PIN** compound with "**suru**" and conjugate as "**goro-goro suru**"="lie lazily", "**sukkiri shi**mashita"="became refreshed", and "**pin-pin shi**teiru"="being in good shape".

 with **と**

こくりと kokuri-to / ごろりと gorori-to / ぱちりと pachiri-to

今日はるんるん
A HAPPY DAY

にこにこ
NIKO-NIKO

るんるん
RUN-RUN

* 水玉ちゃんは花束を抱えて、**にこにこ**しながら、**るんるん**気分で歩いています。 --- Little Miss Polka-dot is holding some flowers **with a smile on her face** and walking **in a bouncy mood**.

* その先には落とし穴が！ キバオくんは**くすくす**と笑って、それを見ています。 --- A pitfall ahead! Fang-boy watches it, **sniggering**.

くすくす
KUSU-KUSU

NIKO-NIKO: depicts the facial expression when one is in a happy, joyful, peaceful mood.
RUN-RUN: depicts the state of mind or the way one acts in a happy, euphoric mood.
KUSU-KUSU: the sound of half-suppressed laughter, mostly with malicious intent.

pronunciation: "**niko**" sounds like "**Nick-oh**", "**run**" like a part of "ma**roon**" with the vowels shortened, "**kusu-kusu**" sounds just like "**couscous**", the North African dish.

ずぼっ！
ZUBO'!

いひひ
IHIHI

* 水玉ちゃんが、**ずぼっ**と穴にはまると、キバオくんは近(ちか)づいてきて、**いひひ**と笑います。--- Little Miss Polka-dot **abruptly falls straight** into the hole, and Fang-boy comes closer **mocking "tee-hee-hee"**.
* 水玉ちゃんが、**えーんえーん**と泣くと、キバオくん、今度(こんど)は**けらけら**と指(ゆび)をさして笑うのです。--- Little Miss Polka-dot **cries out loud**, then Fang-boy **cackles** pointing at her.

えーんえーん
EEN-EEN

けらけら
KERA-KERA

ZUBO': depicts the rapid movement to become stuck in (or sometimes get out from) some hole or hollow.

IHIHI: the sound of mean, sardonic laughter.

EEN-EEN: the sound of childish crying.

KERA-KERA: depicts the unrestrained laughter in a high tone.

pronunciation: "**zubo'**" sounds like "**z**-**bo**t" with a silent "t", "**ihihi**" like "t**ee**-**hee**-**hee**", "**een**" like reading alphabet "**A-N**" rapidly, "**kera**" like "**k**-Si**erra** (the mountains)".

しくしく
SHIKU-SHIKU

めそめそ
MESO-MESO

* 水玉ちゃんは、**しくしく、めそめそ** 泣きながら、穴から出よ
  うとします。--- Little Miss Polka-dot tries to get out of the
  hole, **sobbing** and **weeping**.
* そこへ、ウサミミさんが**つかつか**と、キバオくんに向かって
  やってきます。--- Now, here **comes** Rabbit-ear
  determinedly up to Fang-boy.

つかつか
TSUKA-TSUKA

SHIKU-SHIKU: depicts the manner of sobbing quietly or whimpering, in a miserable mood.
MESO-MESO: almost the same as "SHIKU-SHIKU", but more tearful.
TSUKA-TSUKA: depicts the way one walks quickly straight up to the target.

pronunciation: "**shiku**" sounds like "**chic**", "**meso**" like "**mess-oh**", "**tsuka**" like "**ts**-l**ook**-**u**p" with a silent "p".

ばしっ！
BASHI'!

* ウサミミさんはキバオくんの顔_{かお}をばしっと殴_{なぐ}ります。

  --- Rabbit-ear gives Fang-boy a **quick and hard** punch in the face.

* キバオくんは、**わなわな**震_{ふる}え、そして**かっ**となります。

  --- Fang-boy **trembles from anger** and then **flips out**.

わなわな
WANA-WANA

かっ！
KA'!

BASHI': depicts the action of hitting someone/something vigorously, or its sound.

WANA-WANA: depicts the rapid trembling motion caused by a strong unpleasant emotion.

KA': depicts the sudden act of losing one's temper, or the outburst of emotion.

pronunciation: "**bashi**'" sounds like "**bu**s-**shi**p" with a silent "p" and the stress on "ship", "**wana**" like "**wanna**", "**ka**'" like "**cu**t" with a silent "t".

ぼかすか
BOKA-SUKA

はらはら
HARA-HARA

* ウサミミさんとキバオくんが、**ぼかすか**殴りあうのを見て、
水玉ちゃんは、**はらはら**、**おろおろ**するばかり。

--- Rabbit-ear and Fang-boy **exchange blows repeatedly**,
and Little Miss Polka-dot, watching it, just **holds her
breath in anxiety**, **in panic**.

ぼかすか
BOKA-SUKA

おろおろ
ORO-ORO

BOKA-SUKA: depicts the scene of fighting with fists.
HARA-HARA: depicts the state of mind of feeling uneasiness, anxiety and fear, as an observer.
ORO-ORO: depicts the behaviour or the state of mind of losing one's cool not knowing what to do, being confused, upset and frustrated.

pronunciation: "**boka-suka**" sounds like "**bock-a-sook**-a" rapidly read, "**hara**" like "**ha-rah**" with the stress on "ha", "**oro**" like a part of "p**olo**".

はーはー
HAA-HAA

ぜーぜー
ZEE-ZEE

* ふたりとも**はーはー**、**ぜーぜー**していると、水玉ちゃんは拾_{ひろ}いあつめた花を、キバオくんに差_さしだします。 --- Both **gasp for breath**, **wheezing**. Then Little Miss Polka-dot gives the collected flowers to Fang-boy.

* キバオくんの目_めからは涙_{なみだ}が**ぽろぽろ**、ウサミミさんは水玉ちゃんを**ぎゅっ**と抱きしめます。 --- Fang-boy's **tears drop** and Rabbit-ear **hugs** Little Miss Polka-dot **tight**.

46

ぽろぽろ
PORO-PORO

ぎゅっ
GYU'

HAA-HAA: depicts one's condition of being short of breath, or the sound, after intense exercise or because of an illness.

ZEE-ZEE: the noise of wheezing as in the same situation as above.

PORO-PORO: depicts the tears (or any grains) falling in drops, unceasingly.

GYU': depicts the action of brief squeezing.

pronunciation: "**haa**" sounds like "**hah**" exhaling with the mouth wide open, "**zee**" like "**ze**ta" in the Greek alphabet, "**poro**" like "**polo**", "**gyu'**" like "**g**-c**ue**" with very shortened vowels.

あはは
AHAHA

---

* 水玉ちゃん、キバオくん、ウサミミさんの三人は、**あはは**、**わはは**とはしゃぎながら、輪になって踊ります。

--- Little Miss Polka-dot, Fang-boy and Rabbit-ear, all three bubble **with laughter**, **delighted** and **spirited**, dancing in a circle.

わはは
WAHAHA

AHAHA: the high-tone cheerful voice of laughter, the expression of joy.
WAHAHA: the loud voice of hearty laughter, more dynamic than "AHAHA".

pronunciation: "**ahaha**" sounds like "**ah-ha-ha**", "**wahaha**" like "**wah-ha-ha**", in a lively tone with the mouth wide open.

喜ぶ、悲しむ、怒る
Expressions of joy, grief and anger

オノマトペの主な使いかた

　この章のオノマトペはすべて動詞を修飾します。**にこにこ / くすくす / いひひ / けらけら / あはは / わはは** は、どんなふうに「笑う」かを表し、**えーんえーん / しくしく / めそめそ / ぽろぽろ**は、どんなふうに「泣く」のかを表します。英語では「**くすくす**笑う」＝ "to snigger"、「**しくしく**泣く」＝ "to sob" 等、動詞そのものが「どんな」を含む場合が多々あります。

　また、**にこにこ / るんるん / しくしく / めそめそ / わなわな / かっと / はらはら / おろおろ / はーはー / ぜーぜー / ぎゅっと**は、「**する**」を伴って、動詞の働きもします。

　「**るんるん**気分」は、名詞と一体になった形です。

to apply in practice

All of the onomatopoeias in this chapter modify the verbs. **NIKO-NIKO / KUSU-KUSU / IHIHI / KERA-KERA / AHAHA / WAHAHA** explain "to laugh how" and **EEN-EEN / SHIKU-SHIKU / MESO-MESO / PORO-PORO** explain "to cry how". In English, many verbs themselves include the meaning of "how"; e.g., "**kusu-kusu** warau"="to snigger", "**shiku-shiku** naku"="to sob".

　NIKO-NIKO / RUN-RUN / SHIKU-SHIKU / MESO-MESO / WANA-WANA / KATTO / HARA-HARA / ORO-ORO / HAA-HAA / ZEE-ZEE / GYUTTO can also compound with "**suru**" and function as verbs.

　"**Run-run** kibun" is the compound form with the noun which means "a bouncy mood".

ずぼっと zubotto / いひひと ihihi-to / ばしっと bashitto / かっと katto / ぎゅっと gyutto / あははと ahaha-to / わははと wahaha-to

<ruby>告<rt>こく</rt>白<rt>はく</rt></ruby>はどきどき
Confessing Love

どきどき
DOKI-DOKI

* 彼女は自分の気持ちを伝えようと、**どきどき**しながら、彼を待ちます。 --- She waits for him with her **pounding heart** to tell him how she cares.
* 彼が近づいてくると、心臓が**ばくばく**してきます。 --- As he comes up closer, her heart starts **throbbing heavily**.

ばくばく
BAKU-BAKU

DOKI-DOKI: the sound of the heart beating fast, the expression of one's excitement and expectations, or one's anxiety and fear.

BAKU-BAKU: depicts the condition of one's heart beating so violently that it seems to pound out of the chest.

pronunciation: "**doki-doki**" sounds like "**d-okey-dokey**", "**baku**" sounds like "**buck**".

もじもじ
MOJI-MOJI

* 彼の前に立つと、彼女は**もじもじ**してしまうのですが……

    --- Standing in front of him, she now becomes **hesitant and restless**, but......

* ……彼女は思いきって、**ぱっ**と恋心を打ちあけます。

    --- decided, she **abruptly** confesses her feelings of love.

ぱっ！
PA'!

MOJI-MOJI: depicts one's attitude of hesitation, being bashful, timid, nervous, etc.

PA': depicts the sudden, quick movement or action.

pronunciation: "**moji**" sounds like "**m**-l**ogi**c", "**pa'**" like a part of "**pu**tter".

きょとん
KYOTON

がーん！
GAAN!

* 彼は**きょとん**としたようすで、それを見た彼女は**がーん**となります。--- He looks **stupefied**, and looking at him, she **gets quite a shock**.
* 彼は上を見て**ぼーっ**とし、彼女は**がっくり**とうなだれます。---He looks up **absent-mindedly**, she drops her head **in disappointment**.

ぼーっ
BOO'

がっくり
GAKKURI

KYOTON: depicts the facial expression of eyes wide open, when one is unable to speak due to being taken by surprise, puzzled.
GAAN: the heavy sound caused by a strong impact, which seems to ring in the mind when one is deeply shocked.
BOO': depicts one's vacant look, or expresses an empty state of mind.
GAKKURI: depicts one's look of being pulled down, discouraged, losing heart.

pronunciation: "**kyoton**" sounds like "**k-yacht-on**" with the stress on "on", "**gaan**" like "**gah-ng**" with the last "g" silent, "**boo**" like "**boh**", "**gakkuri**" like "**g-luck-coolly**".

ずきゅーん！
ZUKYUUN!

* そこにキューピッドが現れて、彼の心に**ずきゅーん**と矢を放ちます。--- Here comes Cupid who shoots an arrow **through** his heart.

* いっぽう彼女は、**しょんぼり**とその場から離れていきます。--- Meanwhile, she goes away **in a sad and depressed mood**.

しょんぼり
SHONBORI

ZUKYUUN: depicts the imaginary sound of an arrow that hits one's heart at the moment of falling in love.

SHONBORI: depicts one's look of feeling blue, being in low spirits, almost miserable.

pronunciation: "**zukyuun**" sounds like "**z-look**-d**une**" with the stress on "une". "**shonbori**" like "da**sh-on**-jam**boree**" with the stress on "bo".

くるっ
KURU'

はっ
HA'

* 彼は**はっ**として、**くるっ**と振りかえり……
  --- Now, he **realises**, and then he **suddenly turns around**......
* ……彼女が**とぼとぼ**去っていくのを見ます。
  --- to see her **plodding** away.

とぼとぼ
TOBO-TOBO

HA': depicts the scene of awakening, reviving.
KURU': depicts the movement of turning around quickly.
TOBO-TOBO: depicts the way one walks wearily, looking down, without
    energy.

pronunciation: "**ha'**" sounds like "**hu**t" with a silent "t", "**kuru'**" like a part
    of "re**crui**t" with a silent "t" and the vowels shortened, "**tobo**" like
    "**to**m-**bo**y".

ぐいっ
GUI'

* 彼は**ぐいっ**と彼女の腕(うで)をつかみ、同(おな)じ気持ちを伝えます。

 ---He pulls her arm **with a jerk** and tells her that he feels the same.

* 彼が**ぎゅー**と抱(だ)きしめると、彼女は**きゅん**となります。

 --- He holds her **tight**, and she gets **choked up with emotion**.

ぎゅー
GYUU

きゅん
KYUN

GUI': depicts the action of pulling or pushing something abruptly and vigorously.
GYUU: depicts the action of long squeezing.
KYUN: depicts the sweet ache of one's heart, filled with affection towards someone/something.

pronunciation: "**gui'**" sounds like "**g**-q**ui**t" with a silent "t" and the stress on "it", "**gyuu**" like "hu**g-you**", "**kyun**" like "**k**-t**une**" with the vowels shortened.

* ふたりが楽^{たの}しそうにおしゃべりをしながら、**いちゃいちゃ**して歩^{ある}いていくのを、キューピッドがやさしく見まもります。

--- Cupid watches over the couple who walks away chatting gayly, **flirting** with **each** other.

いちゃいちゃ
ICHA-ICHA

ICHA-ICHA: depicts the behaviour of a loving couple, talking, laughing, touching each other intimately. Lovey-dovey.

pronunciation: "**icha**" sounds like "**itch-ya**".

ゆれる恋心
こいごころ
Ever-changing feelings of love

オノマトペの主な使いかた

　この章のオノマトペはすべて、動詞を修飾する副詞の働き
をします。また、**ぱっ / がーん / ずきゅーん / くるっ / とぼと
ぼ / ぐいっ 以外**は、「**する**」と一体になって、動詞として活用
もされます。副詞の例として「**しょんぼり**歩く」、動詞の例と
して「**しょんぼり**する」と表現できます。

　くるっの類義語はいくつかありますが、**くるっ**がすばやく
半〜一回転する動き、**くるくる** は回転の繰りかえし、**くるり**
は一回転の終わった状態、**くるん** は回転に弾みの付いた動き
を表します。**ぐるっ**等、頭の文字が**く→ぐ**になると、これら
の動きに重みが加わります。

to apply in practice

　All of the onomatopoeias in this chapter function as adverbs
to modify verbs. And **except** for **PA' / GAAN / ZUKYUUN /
KURU' / TOBO-TOBO / GUI'**, they compound with "**suru**"
and conjugate as verbs; e.g., "**shonbori** aruku "="walk in a
depressed mood" as an adverb, and "**shonbori suru**"="to be
depressed" as a verb.

　There are several synonyms of **KURU'**, which means "the
movement of making a half turn or complete turn: "**KURU-
KURU**="turn round and round", **KURURI**="the completion of
turning around", **KURUN**="turn with a little bounce in the end".
And putting **G** instead of **K** like **GURU'**, these movements
become a little ponderous.

ぱっと patto / がーんと gaan-to / ぼーっと bootto /
ずきゅーんと zukyuun-to / くるっと kurutto / はっと hatto /
ぐいっと guitto / ぎゅーと gyuu-to / きゅんと kyun-to

いただきます！
Let's eat!

FUWA-FUWA is fresh-baked bread,
And KONGARI is its golden crust;
You gnaw KARI-KARI on the surface of a baguette,
But MOCHI-MOCHI is what you feel inside;
SAKU', the first bite of a croissant,
The crispy Tempura and a fresh apple too!

焼きたてのパンは　**ふわふわ**で
耳は**こんがり**　黄金色
フランスパンの　外は**かりかり**
でも　中は**もちもち**してるんだ
さくっとひとくち　クロワッサン
揚げたて天ぷら　もぎたてりんごも！

Tempura
(prawn)

HOKA-HOKA is fresh-cooked rice,
Grains are FUKKURA fluffy and nice,
Shining TSUYA-TSUYA like a pearl;
How tasty is the perfect rice!
To wrap the rice balls which laver would you prefer:
The moist SHITTORI or the crispy PARI-PARI?

ほかほかの　炊きたてごはん
お米はふっくら　いいかんじ
真珠のように　つやつやで
なんて　おいしいごはんでしょう！
おにぎり巻くなら　どちらがお好き
しっとりしたの　それとも　ぱりぱりの？

Have you tried **Natto**, the fermented soybeans?
It's **NEBA-NEBA** sticky and **NURU-NURU** slimy.
Cheese on the pizza forms long threads too,
But **TORORI** is right for the oozy ones.
TORO-TORO is also for the melty thick foods;
The slow-simmered beef stew is ready for you!

納豆を　食べたことあるかしら？
ねばねば　ぬるぬるしているね
ピザのチーズも　糸をひくけど
こちらは　**とろり**とたれおちる
長く煮こんで　**とろとろ**溶けた
ビーフシチューを　召しあがれ！

Natto

SHIKO-SHIKO is how Soba must be;
"Al dente" as the pasta should be.
As for the Ramen which soup would you prefer:
The light and plain ASSARI or the thick and rich KOTTERI?
GITO-GITO of the backfat is addictive to some folks;
SAPPARI vinegared veggies are needed afterwards.

蕎麦は**しこしこ**　してなくちゃ
パスタのように　アルデンテ
ラーメンのスープは　どちらがお好き
あっさり軽め　**こってり**重め？
ぎとぎとの背あぶら　くせになるかも
あとは**さっぱり**　やさいの酢の物

Soba

Ramen

Wasabi
(before grating)

Sushi (tuna)

SHAKI-SHAKI tells the freshness of
The lettuce leaves dewy and crisp.
Spicy hot chillies give **PIRI'** on your tongue,
Wasabi on the Sushi comes **TSUUN** in your nose.
SHUWA' is the sparkling soda, **SUKKIRI** leaves of mint;
And let's say "gochiso-sama!" at the end of the feast.

しゃきしゃきなのは　新鮮(しんせん)だから
それは　みずみずしいレタス
チリを食(た)べたら　舌(した)が**ぴりっ**
すしのわさびは　鼻(はな)に**つーん**
ソーダは**しゅわっ**と、ミントで**すっきり**
最後(さいご)はみんなで　「ごちそうさま！」

味だけではない、おいしさ

食感や、見た目のおいしさを伝えるオノマトペは豊富です。 ここ
では、いくつかの語について解説します。

もちもちは、その語源だと思われる「お餅」より粘り気が少なく、
その適度な弾力がお菓子の食感等において好まれています。

クロワッサンと天ぷらとりんごの食感が、同じ**さくっ**というのは
不思議な気がしますが、新鮮、軽やか、柔らかいのに歯切れがいい
ことが共通しています。他に**かりかり / ぱりぱり / しゃきしゃき**も、
みな英語だと crispy なのですが、食べものの形や硬さ、含む水分の
量に違いがありそうです。

しこしこは麺のおいしさを伝える表現です。蕎麦
やパスタはもちろん、ラーメンや煮込んで柔らかく
なったうどんでも、芯にほどよい弾力を感じれば、
それが**しこしこ**です。

udon

Not only the taste that counts

Many onomatopoeias depict the texture and the tasty look of foods.
Here are some particular words to be noted.

MOCHI-MOCHI is assumed to be derived from the texture of
mochi (rice cake), but it's less sticky, and much favoured being
moderately chewy such as for the texture of the confectionery.

It seems to be strange using the same **SAKU'** for a croissant,
tempura and an apple, but they have the texture in common; fresh
and light, soft yet crispy. **KARI-KARI / PARI-PARI / SHAKI-SHAKI** can
also be translated as "crispy", but each has a different nuance in the
shape, the hardness and the water content of the food.

SHIKO-SHIKO expresses the deliciousness of noodles, definitely
for the *soba* and pasta, but for the *ramen* and even for the well-cooked
soft *udon* that retains chewiness inside.

pronunciation: fuwa⇒who was/ kongari⇒kong alley/ kari⇒car lit/
mochi⇒mop chip/ saku'⇒Melissa could (silent "d")/ hoka⇒hock a/
fukkura⇒hook hula/ tsuya⇒ts sue ya/ shittori⇒bash it sorry/
pari⇒Paris/ neba⇒net but/ nuru⇒noon room (vowels shortened)/
torori⇒toe roll y/ toro⇒t sorrow/ shiko⇒chic oh/ assari⇒us Sally/
kotteri⇒cot terrible/ gito⇒bring it on (stress on "it")/ sappari⇒sup-
Paris/ shaki⇒shack key/ piri'⇒peel it (silent "t", stress on "it")/
tsuun⇒t's noon/ shuwa'⇒shoe what? (silent "t")/ sukkiri⇒s cook chili

with と

さくっと sakutto / とろりと torori-to / ぴりっと piritto /
つーんと tsuun-to / しゅわっと shuwatto

⑤

どんな痛（いた）みですか？

What kind of pain is it?

がんがん
GAN-GAN

* 朝から、頭が**がんがん**しています。 --- My head has been **pounding hard** since this morning.
* 頭が**ずきずき**して、仕事が手につきません。 --- My head **throbs with pain** and I can't concentrate on my work.
* 右上の奥歯が、**ずきんずきん**します。 --- My upper right back tooth **throbs with piercing pain**.

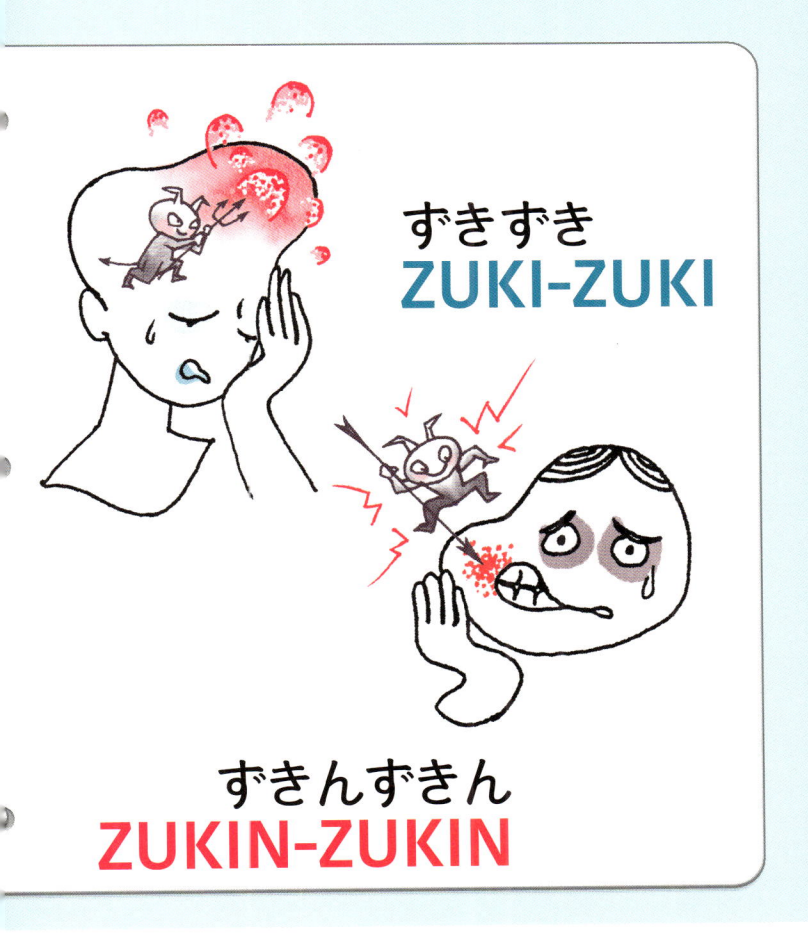

ずきずき
ZUKI-ZUKI

ずきんずきん
ZUKIN-ZUKIN

GAN-GAN: depicts the violent pain in one's head as if it's being banged continuously by a hammer, or the sound ringing in one's ears.
ZUKI-ZUKI: depicts the pulsating pain in one's head or any injured, wounded, swollen parts of the body.
ZUKIN-ZUKIN: similar to "ZUKI-ZUKI", but deeper and more intense.

pronunciation: "**gan**" sounds like "**gun**", "**zuki**" like "**zoo-key**" rapidly read, "**zukin**" sounds like "**z-kin**" with the stress on "kin".

ぐるぐる
GURU-GURU

ちかちか
CHIKA-CHIKA

* 立ちあがると急に**ぐるぐる**と目がまわり、目の前が**ちかちか**
  してきました。--- I suddenly **felt giddy** as I stood up, then
  my eyes were **irritated by the flickering light**.
* 頭が**もやもや**して、何も考えられません。
  --- My head is **foggy** and I'm unable to think.
* **ふらーっ**として、まっすぐ歩けません。
  --- I **feel faint** and I can't walk straight.

もやもや
MOYA-MOYA

ふらーっ
FURAA'

GURU-GURU: depicts the movement of something spinning round. As for the body, the sensation of vertigo.

CHIKA-CHIKA: depicts the strong light flashing on and off.

MOYA-MOYA: depicts the sensation of having brain fog, an unclear mind, fuzzy thoughts.

FURAA': depicts the sensation of being faint, or the unstable movement, almost collapsing.

pronunciation: "**guru**' sounds just like "**guru**", "**chika**" like "**chick**-a", "**moya**" like "**m**-s**oya**", "**furaa'**" like "**who**-**rah**" with the stress on "rah".

むずむず
MUZU-MUZU

いがいが
IGA-IGA

* 彼は鼻が**むずむず**して、くしゃみが出そうです。彼女はのど
  が**いがいが**して、声がかすれます。--- He has a **tickle** in his
  nose and is about to sneeze. She has a **scratchy** throat that
  makes her voice hoarse.

* 彼女は**えへんえへん**と、彼は**ごほんごほん**と咳きこんでい
  ます。--- She **continuously clears her throat,** and he
  coughs up a lung.

えへんえへん
EHEN-EHEN

ごほんごほん
GOHON-GOHON

MUZU-MUZU: depicts the itchy sensation mostly in the nose, as if some tiny creatures are wriggling there.

IGA-IGA: expresses the harsh and itchy feeling in the throat, as if some hairy thing is stuck.

EHEN-EHEN: the sound of a dry cough that lasts for a while.

GOHON-GOHON: the deep and strong sound of a terrible fit of coughing.

pronunciation: "**muzu**" sounds like "**moo**-**zoo**" with each vowel shortened, "**iga**" a part of "g**iga**", "**ehen**" like "e**f**-**hen**", "**gohon**" like "**go**-**Hon**g Kong" with the vowels shortened.

ぶるっ
BURU'

ぞくぞく
ZOKU-ZOKU

* 昨夜、**ぶるっ**と悪寒を感じてからずっと、背中が**ぞくぞく**しています。--- I **got a chill** last night, and since then I've been **feeling a shiver** down my back.

* デスクワークのしすぎで、肩が**がちがち**に固まり、関節が**ぎしぎし**します。--- Doing too many desk jobs makes my shoulders **badly stiff**, makes my joints **creaky and squeaky**.

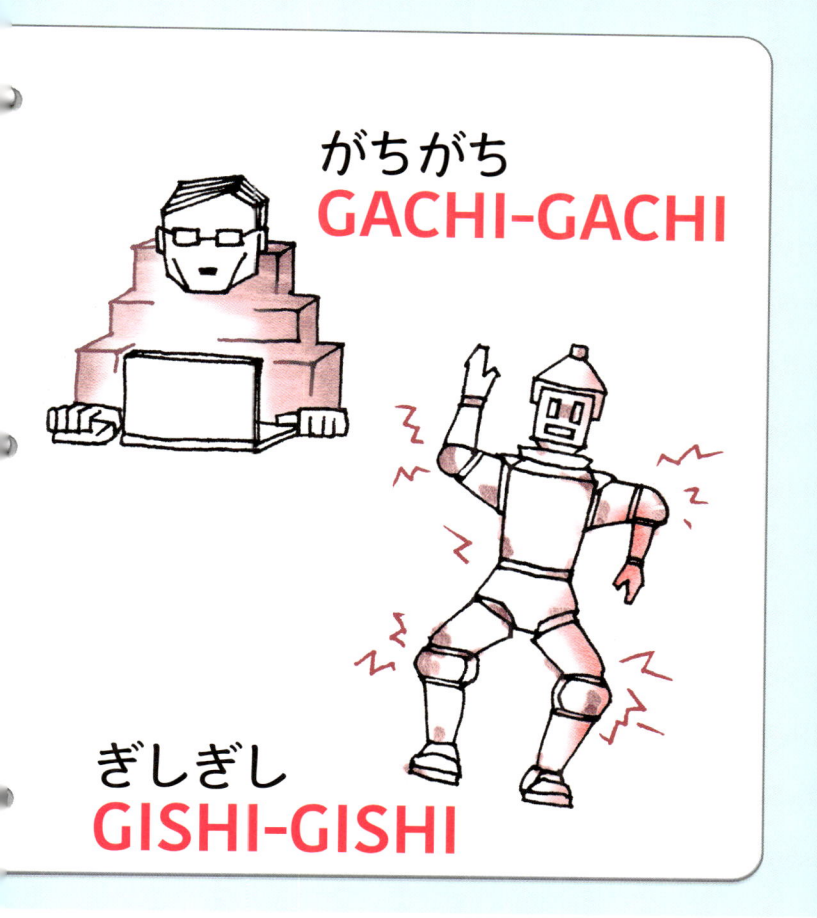

がちがち
GACHI-GACHI

ぎしぎし
GISHI-GISHI

BURU': depicts the act of shuddering as a reaction to a chill, a fear.
ZOKU-ZOKU: depicts the successive sensation of having a chill.
GACHI-GACHI: depicts the condition of being tense and rigid.
GISHI-GISHI: depicts the uneasy sensation of one's joints lacking flexibility, or the sound caused by friction.

pronunciation: "**buru'**" sounds like a part of "**broo**k", "**zoku**" like "**z**-s**ock**", "**gachi**" like "**g**-m**uch**, "**gishi**" like "**g**-f**ishy**" with the last vowel shortened.

ひりひり
HIRI-HIRI

ぴりぴり
PIRI-PIRI

* 腕の傷が**ひりひり**します。指も時々**ぴりぴり**します。--- The wound on my arm **stings**. Sometimes my fingers **tingle** too.

* 兄は背中が**じんじん**と、妹はわき腹が**ちくちく**と痛みます。

--- My brother has a **feverish tingle** in the back, and my sister has some **itchy, pricking** pain in her side.

じんじん
JIN-JIN

ちくちく
CHIKU-CHIKU

HIRI-HIRI: depicts the sore sensation of burnt or scratched skin.
PIRI-PIRI: depicts the twitched or numb sensation like holding some electric bubbles.
JIN-JIN: depicts the continuous pain with heat along the spine.
CHIKU-CHIKU: depicts the sensation of being pricked by tiny needles.

pronunciation: "**hiri**" sounds like "**he-lee**", "**piri**" like "**pea-lee**" both with each vowel shortened, "**jin**" like "**gin**", "**chiku**" like "**chick**".

83

きりきり
KIRI-KIRI

むかむか
MUKA-MUKA

* 弟は胃が**きりきり**、私は胃が**むかむか**しています。

   --- My brother has a **stabbing pain** in his stomach, and I have a **queasy** stomach.

* 妹はおなかが**ころごろ**鳴って、母はおなかが**しくしく**痛みます。 --- My sister has a **grumbling** gut, and my mother has a **deep and dull constant pain** in her stomach.

ごろごろ
GORO-GORO

しくしく
SHIKU-SHIKU

KIRI-KIRI: depicts the piercing and twisting sensation in the stomach.
MUKA-MUKA: depicts the sensation of nausea, about to vomit.
GORO-GORO: depicts the sensation of something being stirred in the bowel, or its sound.
SHIKU-SHIKU: depicts the unpleasant lasting pain in the stomach, with the sensation of being squeezed, pressed, grasped.

pronunciation: "**kiri**" l ke "**key-lee**" with each vowel shortened, "**muka**" like "**m**-b**ook**-**a**", "**goro**" like "**g**-p**olo**", "**shiku**" like "**chic**".

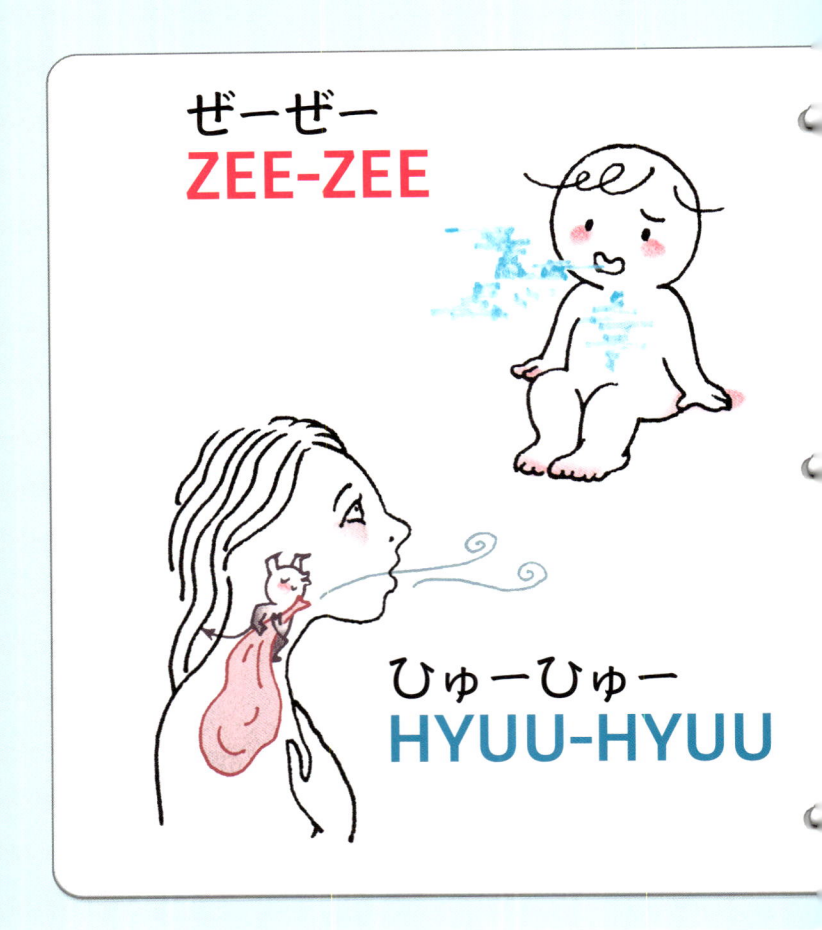

ぜーぜー
ZEE-ZEE

ひゅーひゅー
HYUU-HYUU

* あかちゃんの呼吸（こきゅう）が**ぜーぜー**しています。いっぽうで、私の呼吸は**ひゅーひゅー**と音（おと）がします。--- The baby breathes with a **wheeze**, while I breathe with a **whistling** noise.
* たまに、心臓（しんぞう）が**どっくん**と脈（みゃく）を打（う）ちます。**どくどく**と鳴りつづけることもあります。--- Sometimes my heart **pounds heavily**. Sometimes it keeps **throbbing rapidly**.

どっくん
DOKKUN

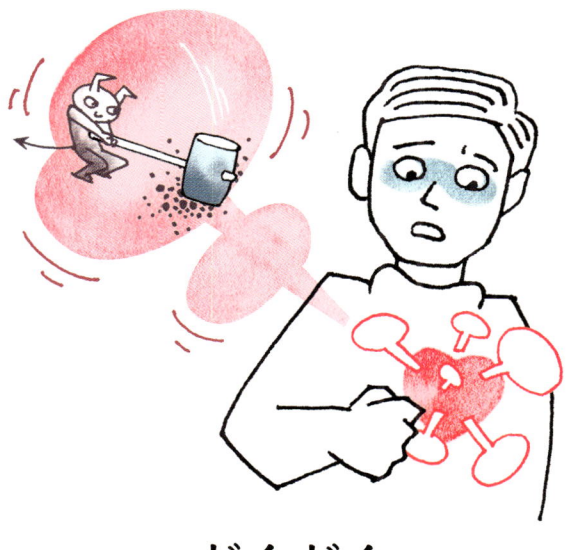

どくどく
DOKU-DOKU

ZEE-ZEE: the abnormal sound of breathing in a low scratchy tone.
HYUU-HYUU: the abnormal sound of breathing in a high thin tone.
DOKKUN: depicts the sensation or the sound of a thump in the chest.
DOKU-DOKU: depicts the sensation or the sound of palpitations.

pronunciation: "**zee**" sounds like "**z**-s**ay**", "**hyuu**" like "**hue**","**dokkun**" like "**doc**-**coon**" with the last vowel shortened, "**doku**" like "**dock**".

お医者さんに伝えよう！
Let's talk to the doctor!

オノマトペの主な使いかた

　体の痛みはよくオノマトペで表現されます。自分の痛みを医師に伝える際に役立ちます。

　この章のオノマトペは、副詞として「痛む」等の動詞も修飾しますが、すべて「**する**」を付けるほうがより簡単で、「どこ / なに (体の部分) が〜**し**ます」で通じます。

to apply in practice

The onomatopoeia is frequently used to describe pains. It will help you to explain your pain to the doctor.

The onomatopoeias in this chapter function as adverbs to modify the verbs like "hurt" or "ache", etc., but it's more simple and practical to compound them with "**suru**", and to say "where or what (the part of your body)+onomatopoeia+**sh**imasu ("**suru**" in the polite way during the conversation)".

体の部分 the part of the body		オノマトペ the onomatopoeia	
頭 head, 目 eyes, 背中 back, おなか stomach, etc.	が ga	GAN-GAN, GURU- GURU, ZOKU-ZOKU, MUKA-MUKA, etc.	します shimasu

　ただし、次のものは以下のような表現が適切です。「**えへんえへんと / ごほんごほんと**咳がでます。」

As for telling the type of the cough, it's proper to use them in this way; "**ehen-ehen-to / gohon-gohon-to** seki ga demasu", (or just demonstrate the cough in front of the doctor!)

with
と

ふらーっと furaatto / えへんえへんと ehen-ehen-to /
ごほんごほんと gohon-gohon-to / ぶるっと burutto /
どっくんと dokkun-to

こんなに、さらさら！
How smooth and silky!

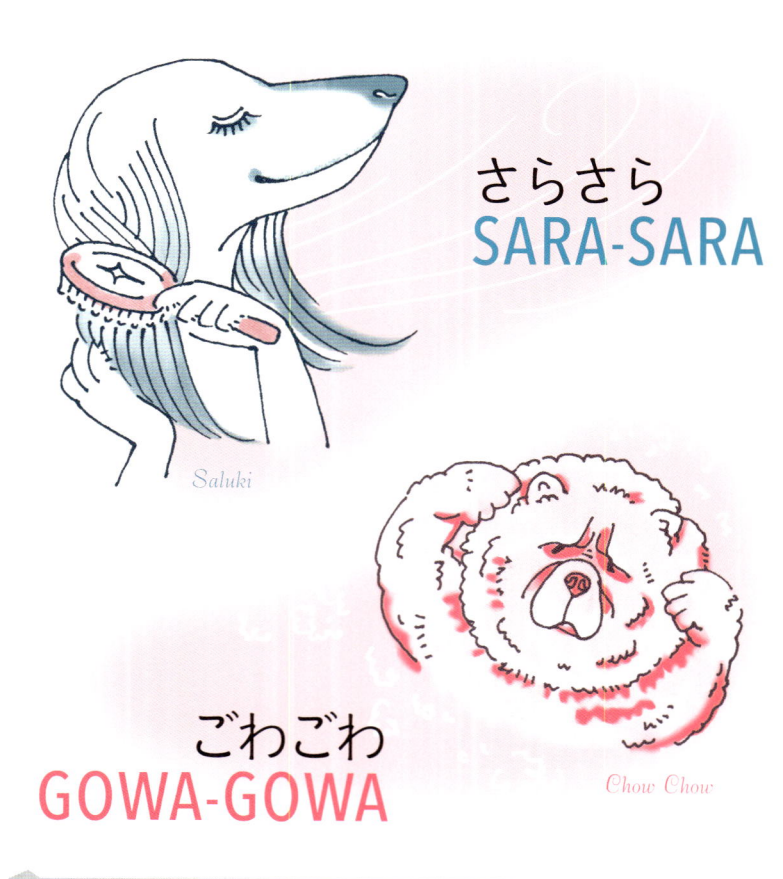

さらさら
SARA-SARA

Saluki

ごわごわ
GOWA-GOWA

Chow Chow

* 彼女かのじょの髪かみはいつも**さらさら**ですが、私わたしのはいつも手入ていれをして いないと、すぐ**ごわごわ**になるのです。--- Her hair is always **smooth and silky**, but mine soon becomes **stiff and dry** without constant care.

* あの子こは**ふさふさ**の髪が自慢じまんですが、私は自分じぶんの**ぼさぼさ**の髪 が気きにいっています。--- That kid is proud of her **abundant flowing** hair, while I am satisfied with my **messy long** hair.

ふさふさ
FUSA-FUSA

Cocker Spaniel

ぼさぼさ
BOSA-BOSA

Komondor

SARA-SARA: depicts a smooth texture and fluid movement.
GOWA-GOWA: depicts a rough and coarse texture without moisture, of hair, paper, cloth or leather, etc.
FUSA-FUSA: depicts a tuft of hair or feathers, thick and voluminous.
BOSA-BOSA: depicts an uncombed, straggly, matted mop-like hair.

pronunciation: "**sara**" sounds like the name "**Sarah**", "**gowa**" like "**g**-bl**ow**-a" , "**fusa**" like "**fu**ll-fo**ssa**", "**bosa**" like "**bossa**-nova".

つるつる
TSURU-TSURU

American Hairless Terrier

すべすべ
SUBE-SUBE

* 私の肌は生まれつき**つるつる**ですが、このクリームを塗れば、さらに**すべすべ**になります。--- My skin is naturally **smooth**, which becomes **silky smooth** by using this cream.

* 私たちは、**もこもこ**、**もふもふ**しているので、みんながさわりたがります。--- We are **round and soft** with **fluffy** hair that makes them want to touch.

もこもこ
MOKO-MOKO

Bichon Frise

もふもふ
MOFU-MOFU

TSURU-TSURU: depicts a smooth surface without any friction which seems to be polished.
SUBE-SUBE: similar to "TSURU-TSURU", but with some velvet texture.
MOKO-MOKO: depicts a soft and round-shaped thing like a cotton ball.
MOFU-MOFU: depicts the texture of some soft, hairy and cuddly thing.

pronunciation: "**tsuru**" sounds like "**ts**-z**ulu**", "**sube**" like the name "**Su**e"+"**Be**n", "**moko**" like "**m**-c**oco**", "**mofu**" like "**m-off**".

Shar Pei

pug

しわしわ
SHIWA-SHIWA

* **しわしわ**の顔（かお）でパパがききます。「新（あたら）しいシャツを**しわしわ**にしたのは誰（だれ）ですか？」--- Daddy, with his **wrinkly** face, asks me "who **wrinkled** this new shirt?"

* 「この**くしゃくしゃ**のスカーフが好（す）き！」と、彼女は顔を**くしゃくしゃ**にして笑（わら）います。--- "I love this **crumpled** scarf!", she laughs with her face **wrinkled up**.

くしゃくしゃ
KUSHA-KUSHA

Exotic Shorthair

SHIWA-SHIWA: depicts skin with many wrinkles, or a look of crumpled paper and cloth.
KUSHA-KUSHA: depicts the condition of paper or cloth being crumpled up, or the expression of a broad smile with many laugh lines.

pronunciation: "**shiwa**" sounds like "**she**"+"**wha**t" with each vowel shortened, "**kusha**" like "**k**-p**ush-u**p" with the stress on "up".

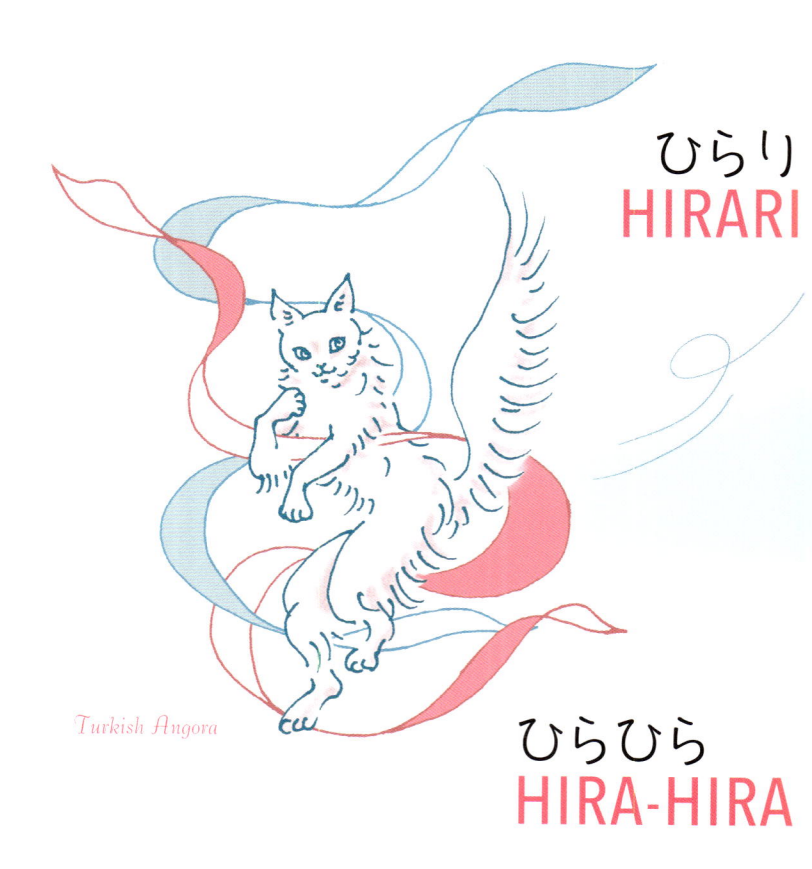

ひらり
HIRARI

Turkish Angora

ひらひら
HIRA-HIRA

* 彼女が**ひらり**と着地すると、リボンが**ひらひら**とはためきました。 --- As she landed **lightly**, the ribbons **fluttered gently**.

* こんな**ふわふわ**の毛並みなら、**ふわり**と宙に浮いて、雲に乗って**ふわふわ**と、どこへでも行けそうです。 --- With this **light and fluffy** coat of fur, they could **rise as light as a feather** in the air and **float freely** amongst the clouds.

ふわり
FUWARI

Ragdoll

ふわふわ
FUWA-FUWA

HIRARI: depicts the light and soundless movement of jumping onto something, landing. Or the swift movement of dodging.

HIRA-HIRA: depicts the gentle movement of some thin and light material waving or fluttering.

FUWARI: depicts the movement of rising in the air weightlessly.

FUWA-FUWA: depicts the texture of some soft and light material, or the unsteady movement of floating, drifting.

pronunciation: "**hirari**" sounds like the name "**Hillary**", with the stress on "ary", "**hira**" like the part of "**Hilla**ry", "**fuwari**" like "**who-worry**" with the stress on "worry", "**fuwa**" like "**who-wa**s".

きらきら
KIRA-KIRA

Persian

じゃらじゃら
JARA-JARA

* 王様は**きらきら**した宝石をたくさん身につけ、それを**じゃらじゃら**と鳴らして、ごきげんです。--- The king is in good humour wearing many **brilliant** jewels, swinging them **jingle-jangle**.

* 女王様は、寝ている子猫を長いマントにのせ、それを**ずるずる**ひきずって階段を昇ります。--- The queen goes up the stairs **dragging** her long tail robe, along with the kitten lying on it.

Bengal

ずるずる
ZURU-ZURU

KIRA-KIRA: depicts the look of something luminous, shining, glittering, twinkling, or the look of a radiant person.

JARA-JARA: the sound of little heavy things touching each other, like jingling coins, keys.

ZURU-ZURU: depicts the movement of something pulled heavily and slowly, or its sound.

pronunciation: "**kira**" sounds like "**killer**" with the last vowel shortened, "**jara**" like "**Jack-ra**bbit", "**zuru**" like "**zulu**" with each vowel shortened.

だぼだぼ
DABO-DABO

Abyssinian

Siamese

ぶかぶか
BUKA-BUKA

* セーターはあの子には**だぼだぼ**で、パンツとスリッパはぼくには**ぶかぶか**です。 --- The sweater is **too loose** for the kid, and the pants are **too baggy**, the slippers are **too wide** for me.

* このドレスは私には**きつきつ**ですが、あのスーツは彼（かれ）に**ぴったり**です。 --- This tube dress is **too tight** for me, but that tuxedo **fits** him **perfectly**.

きつきつ
KITSU-KITSU

British Longhair

Havana Brown

ぴったり
PITTARI

DABO-DABO: depicts the looseness of clothes that are too big.
BUKA-BUKA: similar to "DABO-DABO", but more focused on the largeness in size, mainly about the bottoms, shoes, gloves.
KITSU-KITSU: depicts the tightness of clothes, shoes, hats.
PITTARI: depicts the condition of being suitable for something, the proper and good combination.

pronunciation: "**dabo**" sounds like "**dub**-oh", "**buka**" like "**book**-a", "**kitsu**" like "**kits**", "**pittari**" like "**pit**-tarry" with the last vowel shortened.

触った感じ、着た感じ
How do you feel the texture?

オノマトペの主な使いかた

　この章ではものの質感を扱っているので、ほとんどのオノマトペが「**だ**」や「**の**」を伴い、「髪が**さらさらだ**」「**ぼさぼさの**髪」等と表現されます。また「**する**」という動詞の「**した／している**」の活用形と結びつき、「**もこもこ**した犬」「毛が**もふもふ**している」のように、ものの質や状態を伝えます。

　さらに、**ひらひら／ふわふわ／きらきら／じゃらじゃら／ずるずる**は動きも表し「**きらきら**光る」「**ふわふわ**漂う」等と使われます。

　ひらり／ふわりは「**ひらりと**飛ぶ」「**ふわりと**浮く」等と、もっぱら動きを表す語として使われます。

to apply in practice

　To express the texture of things, most of the onomatopoeias in this chapter function with "**da**" or "**no**"; e.g., "kami ga **bosa-bosa da**"="(my) hair is messy", or "**bosa-bosa no** kami"="the messy hair". They also compound with "**shi**ta / **shi**teiru" which are the conjugated forms of "**suru**", to explain the quality or condition of the object; e.g., "**moko-moko shi**ta inu"="a fluffy round dog" or "ke ga **mofu-mofu shi**teiru"="the hair is fluffy".

　HIRA-HIRA / FUWA-FUWA / KIRA-KIRA / JARA-JARA / ZURU-ZURU depicts the movement as well; e.g., "**kira-kira** hikaru"="to shine brilliantly" or "**fuwa-fuwa** tadayou"="to drift aimlessly".

　HIRARI / FUWARI are used only to depict the movements; e.g., "**hirari-to** tobu"="to jump lightly" or "**fuwari-to** uku"=" to leap softly".

ひらりと hirari-to / ふわりと fuwari-to

てくてく<ruby>歩<rt>ある</rt></ruby>こう！
PARADE!

よちよち
YOCHI-YOCHI

とことこ
TOKO-TOKO

* **よちよち**歩いていた赤ちゃんは、すぐに、**とことこ**走りまわ
  る元気いっぱいの子どもになりました。--- A **toddling** baby
  soon became a brisk kid running about **with short steps**.
* となりのお兄さんのように、**たったったっ**と走りたいと思って
  います。--- The kid wants to run fast, **rhythmically** like
  the boy next door.

たったったっ
TA'-TA'-TA'

YOCHI-YOCHI: depicts the movement of a young child learning to walk, with short unsteady steps, tottering.

TOKO-TOKO: depicts the movement of running or walking quickly, with short steps, somewhat clumsy.

TA'-TA'(-TA'): the sound of footsteps while jogging, running at a steady pace.

pronunciation: "**yochi**" sounds like "**yo**ga-**chi**p", "**toko**" like "**t**-c**oco**", "**ta'**-**ta'**-**ta'**" sounds like "**tat**-**tat**-**tat**".

てくてく
TEKU-TEKU

すたすた
SUTA-SUTA

* ピノキオが山道<ruby>山道<rt>やまみち</rt></ruby>を**てくてく**歩いていると、アリスが**すたすた**と追<ruby>追<rt>お</rt></ruby>いぬいていきました。--- Pinocchio was walking along the trail **at a steady pace**, then Alice came and passed him **swiftly**.

* シンデレラは**かつかつかつ**と靴音<ruby>靴音<rt>くつおと</rt></ruby>をたてて、階段<ruby>階段<rt>かいだん</rt></ruby>をかけおりました。--- Cinderella ran downstairs with a **loud clicking** sound of her heels.

かつかつかつ
KATSU-KATSU-KATSU

TEKU-TEKU: depicts the constant and steady pace of long-distance walking.
SUTA-SUTA: depicts the swift and brisk movement of walking.
KATSU-KATSU(-KATSU): the repetitive click-clack noise of high-heeled footsteps.

pronunciation: "**teku**" sounds like "**tech**", "**suta**" like a part of "**stu**ff", "**katsu**" like "**k**-g**uts**".

のろのろ
NORO-NORO

ひょこひょこ
HYOKO-HYOKO

* カメが**のろのろ**進^{すす}むそばを、アヒルの子が**ひょこひょこ**通^{とお}りすぎます。--- While the tortoise advances **bit by bit**, the duckling goes by **in a waddling gait**.
* ウサギは**ぴょんぴょん**跳^とびはねていき、エリマキトカゲは**びゅーん**と走りさります。--- The rabbit goes **hopping**, and the frilled lizard **whizzes away**.

ぴょんぴょん
PYON-PYON

びゅーん
BYUUN

NORO-NORO: depicts the very slow movement of any action.
HYOKO-HYOKO: depicts the unsteady movement of walking, swaying up and down to keep the balance.
PYON-PYON: depicts the action of hopping, jumping lightly, repeatedly.
BYUUN: depicts a very fast movement like an arrow with a whizzing sound.

pronunciation: "**noro**" sounds like "**n**-p**olo**", "**hyoko**" like "**his**-ch**oco**late", "**pyon**" like the name of the city "**Pyeong** Chang", "**byuun**" like "**b**-d**une**".

そろり
SORORI

しずしず
SHIZU-SHIZU

* 忍者がそろりとお寺に忍びこんだことに気づかず、お坊さんはしずしずと廊下を歩いています。 --- Unaware of the ninja who sneaked into the temple **slowly without noise**, the bonze keeps walking down the corridor **calmly and gracefully**.
* 舞妓さんたちは、しゃなりしゃなりと京都の町を散歩しています。--- Maiko-girls stroll about the city of Kyoto **in an elegant dainty manner**.

しゃなりしゃなり
SHANARI-SHANARI

SORORI: depicts the s ow, smooth and quiet action of avoiding to be noticed.

SHIZU-SHIZU: depicts the slow, quiet, elegant manner of walking in sliding steps.

SHANARI-SHANARI: depicts the affected manner of walking, like models gliding down the catwalk.

pronunciation: "**sorori**" sounds like "**so-lolly**", "**shizu**" like "**she-zoo**" with each vowel shortened, "**shanari**" like "**sh**-c**anary**".

よろよろ
YORO-YORO

うろうろ
URO-URO

* 今夜、ゾンビたちが墓から**よろよろ**とあらわれ、オオカミ男が**うろうろ**するでしょう。 --- Tonight, zombies will **stagger** out from the tombs, and the wolfman will **hang about**.
* 雪山では、雪男が**のっしのっし**と歩きまわることでしょう。 --- In the snow-covered mountains, the yeti will be roaming around **with big, heavy strides**.

のっしのっし
NOSSHI-NOSSHI

YORO-YORO: depicts the unsteady, shaky movement, mainly of walking, almost falling.

URO-URO: depicts the restless manner of hanging around aimlessly.

NOSSHI-NOSSHI: dep cts the way one walks slowly with giant strides in a confident manner.

pronunciation: "**yoro**" sounds like "**y**-p**olo**", "**uro**" like "w**oo**d-r**o**pe", "**nosshi**" like "n**o**t-**she**" with a silent "t".

どしんどしん
DOSHIN-DOSHIN

ぞろぞろ
ZORO-ZORO

* どしんどしんと恐竜（きょうりゅう）がやってきましたが、だれも気にすること
なく、みんなぞろぞろと歩きつづけました。

--- The dinosaur came **tramping** along, however, no one
cared and they all kept walking **in a parade**.

DOSHIN-DOSHIN: the clumping sound of giant steps, stamping the ground.
ZORO-ZORO: depicts the movement of a mass of people or things, strolling in the same direction, in a stream.

pronunciation: "**doshin**" sounds like "**dosh-in**" with the stress on "in", "**zoro**" like the mask of "**zorro**" with the last vowel shortened.

歩く、走る、それとも散歩する？
Walk, run, or stroll about?

オノマトペの主な使いかた

　この章では、どんなふうに歩いたり、走ったりするのかを表現するオノマトペを紹介しています。よって、すべてが動詞を修飾する副詞として働きます。その中で**のろのろ / よろよろ / うろうろ**は「**する**」とも結びついて、動詞のように活用されます。

　「**よちよち**歩き」「**のろのろ**運転」は、オノマトペが名詞に付いて一つの言葉になったものです。

　つまり**のろのろ**は、副詞的に「**のろのろ**走る」、「**する**」と共に動詞として「車が**のろのろ**している」、名詞となって「あの**のろのろ**運転は危険だ」等と、多様な使われかたをします。

to apply in practice

　In this chapter, the onomatopoeias show "to walk how", "to run how", etc. Therefore, they all function as adverbs. Among them, **NORO-NORO / YORO-YORO / URO-URO** can also compound with "**suru**" and conjugate as verbs.

　"**yochi-yochi** aruki"="toddling" and "**noro-noro** unten"="stop-and-go driving" are the compound words with nouns.

　So, **NORO-NORO** is used in various ways; e.g., "**noro-noro** hashiru"="to run at a slow pace" as an adverb, "kuruma ga **noro-noro shi**teiru"="the car is crawling" as a verb, and "ano **noro-noro** unten wa kiken da"="that slow driving is dangerous".

 たったったっと ta'-ta'-tatto / かつかつかつと katsu-katsu-katsu-to / びゅーんと byuun-to / そろりと sorori-to

カフェでぺちゃくちゃ
Having a chat at a cafe

ぺちゃくちゃ
PECHA-KUCHA

---

* 子どもを連れた若いおかあさんたちが、カフェでぺちゃくちゃ
  とおしゃべりしつづけています。 --- Young mothers with
  kids carry on **chattering** at the cafe.

* リョウくんは、となりの席をじーっと見つめ、ミナちゃんは小
  さないもむしをじーっと見ています。--- Ryo **stares fixedly**
  at the next table and Mina **watches** the worm **closely**.

じーっ
JII'

PECHA-KUCHA: depicts the scene of conversation, talking on unimportant topics endlessly in a merry high tone, or its gathered noise.

JII': depicts the way one looks at someone/something with a long fixed gaze, with curiosity, wonder, doubt etc., or the act of observing.

pronunciation: "p**echa**-k**ucha**" sounds like "f**etch**-**a**-b**utcher**", "**jii'**" just like "**gee**" but in a flat tone.

ちらっ
CHIRA'

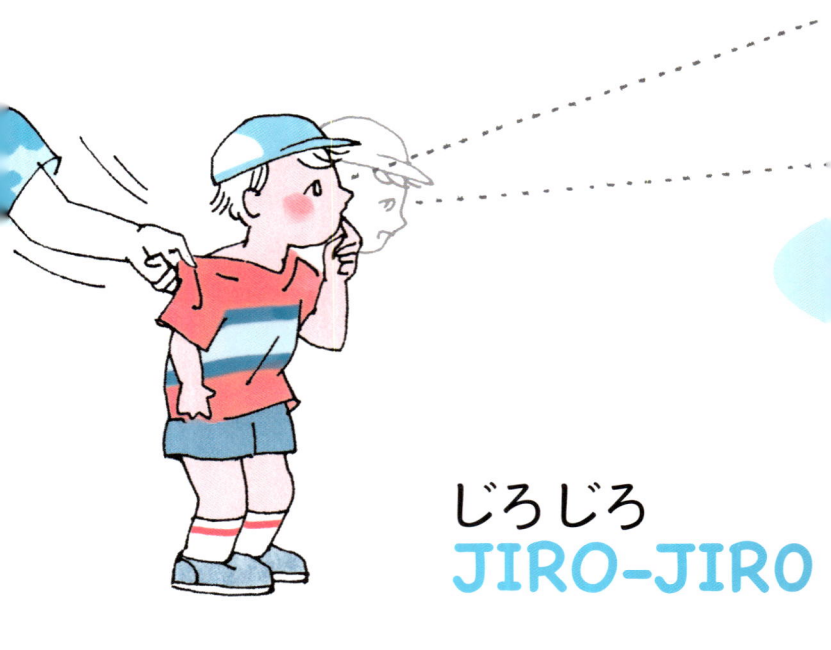

じろじろ
JIRO-JIRO

* リョウくんがとなりの席のカップルと、おいしそうなパンケーキを交互（こうご）に じろじろ 眺（なが）めます。--- Ryo **stares** at the next table **up and down**, the couple and the pancakes in turns.

* ハルトは ちらっ とリョウくんを見てウィンクをし、リナはハルトを うっとり 見つめます。--- Haruto **takes a glance** at Ryo and winks at him, and Rina gazes upon Haruto **entranced**.

うっとり
UTTORI

JIRO-JIRO: depicts the way one looks at someone/something with apparent curiosity as if to scan it from top to bottom. The action could be seen as rude.

CHIRA': depicts the action of giving a quick short look upon someone/something.

UTTORI: depicts one's manner or expression of being fascinated, enchanted, enraptured.

pronunciation: "**jiro**" sounds like "**j**-h**ero**" with the vowels shortened, "**chira'**" like "**chill-u**p" with a silent "p", "**uttori**" like "f**oot**-s**orry**".

はきはき
HAKI-HAKI

もごもご
MOGO-MOGO

* ファイナンシャル・プランナーは、**はきはき**話し、商品を勧めますが、山田さんは困って、**もごもご**口ごもるばかりです。 --- The financial planner talks **clearly** recommending the product, but Ms Yamada just **mumbles**, feeling puzzled.
* ユミは英語が**ぺらぺら**ですが、ケンは自信がなく、**ぼそぼそ**としか話せません。 --- Yumi is **fluent** in English, while Ken feels unsure of himself and can just talk **in a subdued voice**.

ぺらぺら
PERA-PERA

ぼそぼそ
BOSO-BOSO

HAKI-HAKI: depicts one's manner of speaking briskly, being keen & smart in speech.

MOGO-MOGO: depicts one's manner of speaking in a muffled voice, stumbling over one's words.

PERA-PERA: depicts the fluency in speaking foreign languages, or one's manner of being very talkative.

BOSO-BOSO: depicts the way one speaks slowly, haltingly in an undertone.

pronunciation: "**haki**" sounds like a part of "k**haki**" with a clear "h" and the vowels shortened, "**mogo**" like "**m**-l**ogo**", "**pera**" like "**p**-t**era**", "**boso**" like "**boss-oh**" with the vowels shortened.

きっぱり
KIPPARI

うだうだ
UDA-UDA

* 佐藤さんは**きっぱり**とセミナーへの参加を断るのですが、田中さんは**うだうだ**と説明しつづけて勧誘します。

  --- Ms Sato **decisively** refuses to join the seminar, but Mr Tanaka **keeps talking** to persuade her **ineffectively**.

* 占い師がサラの運命を**ずばり**と告げ、彼女は**ぎくり**とします。

  --- The fortune-teller conveys Sarah's fate **point-blank**, and she gets **startled and scared**.

ずばり
ZUBARI

ぎくり
GIKURI

KIPPARI: depicts the determined attitude, without hesitation, mostly to refuse or reject something.

UDA-UDA: depicts the irresolute manner of talking pointlessly.

ZUBARI: depicts the confident attitude of speaking frankly, getting straight to the point.

GIKURI: depicts one's feeling of being shocked, frightened, taken by surprise.

pronunciation: "**kippari**" sounds like "**keep-party**" with a silent "t" and the vowels shortened, "**uda**" like "**woulda** (would have)", "**zubari**" like "**z-Bali** (island)", "**gikuri**" like "yo**gi-coolly**".

きょろきょろ
KYORO-KYORO

ひそひそ
HISO-HISO

* ミホはまわりを**きょろきょろ**見まわしてから、何(なに)かを**ひそひそ**とカナに伝(った)えます。--- Miho **looks around restlessly**, and then she tells something to Kana **in whispers**.

* カナがそれを聞(き)いて、**あんぐり**口をあけると、ミホはすかさず、**そっ**と指(ゆび)を口にあてます。--- Kana, hearing it, her **jaw drops**, and Miho quickly and **quietly** puts her finger to her lips.

あんぐり
ANGURI

そっ
SO'

KYORO-KYORO: depicts the manner of looking around worriedly.

HISO-HISO: depicts the manner of speaking in a low voice not to be heard by someone else.

ANGURI: depicts the facial expression where the mouth is wide open unconsciously, caused by being surprised, shocked, disgusted.

SO': depicts the quiet and gentle action not to cause any noise, or not to be noticed by anyone.

pronunciation: "**kyoro**" sounds like "**Kyo**to" with "r" instead of "t", "**hiso**" like "**he**-**so**" with the vowels shortened, "**anguri**" like "h**ung**-c**oolly**", "**so'**" like "**s**-h**ot**" with a silent "t".

がみがみ
GAMI-GAMI

ぶつぶつ
BUTSU-BUTSU

* 店長（てんちょう）が**がみがみ**と怒（おこ）るたびに、ナオミはただ、**ぶつぶつ**と
つぶやくことしかできません。--- Every time the manager
snarls in anger at Naomi, she can do nothing but **mutter
to herself**.

* 上司（じょうし）が**くどくど**と小言（こごと）を繰（く）りかえすので、店長は**うんざり**
しています。--- The boss lectures the manager **again and
again** and now he is **fed up** with it.

くどくど
KUDO-KUDO

うんざり
UNZARI

GAMI-GAMI: depicts the act of chewing someone out, in a harsh loud voice.

BUTSU-BUTSU: depicts the way one grumbles in discontent, continuously in a low voice.

KUDO-KUDO: depicts the manner of explaining repetitively.

UNZARI: depicts one's mood of getting bored, being annoyed at the persistence.

pronunciation: "**gami**" sounds like "**gum-me**", "**butsu**" like "**boots**" with the vowels very shortened, "**kudo**" like "**cou**p-**do**t", "**unzari**" like "**woun**d-bi**zarrely**".

わいわい
WAI-WAI

がやがや
GAYA-GAYA

* 今日もカフェは**わいわい**、**がやがや**とにぎわっています。
  --- Today, the cafe is crowded as usual, with the **hum of cheerful voices**, **raising the hubbub**.

* 閉店時間が近づくと、店内はいっそう**ざわざわ**してきます。
  --- Drawing near closing time, the shop becomes still **noisier in a restless mood**.

ざわざわ
ZAWA-ZAWA

WAI-WAI: the noise caused by many people in a lively mood, or depicts its atmosphere.

GAYA-GAYA: almost the same as "WAI-WAI", but has a nuance of being clamorous and chaotic.

ZAWA-ZAWA: also depicts a noisy scene, but with an uneasy atmosphere under some circumstances.

pronunciation: "**wai**" sounds like "**why**", "**gaya**" like "**guy-a**", "**zawa**" like "**z-hour**" with the vowels shortened.

見る、聞く、話す
Observations and conversations

オノマトペの主な使いかた

じーっ / ちらっ / じろじろ / きょろきょろ は「見る」動詞を、ぺちゃくちゃ / はきはき / もごもご / ぺらぺら / ぼそぼそ / きっぱり / ずばり / ひそひそ / がみがみ / ぶつぶつ / くどくど は「話す」動詞を修飾して「どんなふうに」を表現します。そっは、あらゆる動作を「静かに」させます。

うっとり / うだうだ / ぎくりと / あんぐり / うんざり は、「する」と結びつくことが多く、人の心理状態や態度を描きます。

わいわい / がやがや / ざわざわ も「する」と結びついて、ある空間の音を表すと同時に、それぞれが「明るく楽しげな」「騒がしく雑然とした」「不穏で落ち着かない」その場の雰囲気も伝えています。

to apply in practice

JII' / CHIRA' / JIRO-JIRO / KYORO-KYORO modify the verbs of seeing, and PECHA-KUCHA / HAKI-HAKI / MOGO-MOGO / PERA-PERA / BOSO-BOSO / KIPPARI / ZUBARI / HISO-HISO / GAMI-GAMI / BUTSU-BUTSU / KUDO-KUDO modify the verbs of speaking, to depict "how". SO' makes any action "quiet".

UTTORI / UDA-UDA / GIKURI-TO / ANGURI / UNZARI often compound with "**suru**" to portray one's state of mind or one's manner.

WAI-WAI / GAYA-GAYA / ZAWA-ZAWA compound with "**suru**" as well, to express the noises of a certain space, and at the same time, they inform the atmosphere of the space; respectively, "cheerful, lively" "clamorous, chaotic" "uneasy, restless".

 じーっと jiitto / ちらっと chiratto / ぎくりと gikuri-to / そっと sotto

日本の四季
にほん　しき

Seasons in Japan

さんさん
SAN-SAN

ぽかぽか
POKA-POKA

* やわらかな日ざしが**さんさん**と降りそそぎ、**ぽかぽか**した春の陽気です。 --- The soft rays of the sun stream down **brilliantly**, the **mild and warm** weather of spring.

* こんな日は、時間が**ゆっくり**と過ぎてゆくようです。 --- On a day like this, the time seems to pass **slowly**.

ゆっくり
YUKKURI

SAN-SAN: depicts the brilliance of the sunshine (or any other radiant thing).
POKA-POKA: depicts the warmness that makes people cozy and comfortable.
YUKKURI: depicts the movement of being slow and calm.

pronunciation: "**san**" sounds just like "**sun**", "**poka**" like a part of "**Poca**hontas", '**yukkuri**" like "**y**-l**ook**-c**oolly**".

そよそよ
SOYO-SOYO

* 風が**そよそよ**吹いています。

   --- The wind blows **softly**.

* 木々の葉は**さわさわ**と鳴り、小川は**さらさら**と流れています。

   --- The leaves of the trees **rustle**, and the brook **murmurs**.

さわさわ
SAWA-SAWA

さらさら
SARA-SARA

SOYO-SOYO: depicts the flow of a gentle breeze.
SAWA-SAWA: the sound of something dry and light (mainly leaves or silk cloth) rubbing gently against each other.
SARA-SARA: the sound of water running in a shallow stream.

pronunciation: "**soyo**' sounds like "**so-yo**", "**sawa**" like "**sour**", "**sara**" like the name "**Sarah**".

どんより
DONYORI

ぽつぽつ
POTSU-POTSU

* 空がどんよりしてくると、すぐに雨がぽつぽつ降ってきます。
--- The sky turns **gloomy** and soon the rain starts to fall **in small drops**.

* ざーざー雨が降るなか、**びしょびしょ**になって走っていく人がいます。--- In the **pouring** rain, someone is running away getting **soaked**.

ざーざー
ZAA-ZAA

びしょびしょ
BISHO-BISHO

DONYORI: depicts the darkness, heaviness of an overcast sky.
POTSU-POTSU: depicts a sprinkle of rain.
ZAA-ZAA: the sound of heavy rain or to depict the intensity of rain.
BISHO-BISHO: depicts the condition of someone/something completely wet, drenched.

pronunciation: "**donyori**" sounds like "**don**'t w**orry**" with a silent "t" and "y" instead of "w", "**potsu**" like "**pots**", "**zaa**" like "**zah**", "**bisho**" like "**bisho**p" with the stress on "op" and a silent "p".

しとしと
SHITO-SHITO

* 梅雨の間、雨は**しとしと**降りつづけます。

   --- It **drizzles** all the time during the rainy season.
* 空気は**じめじめ**し、気温が上がると**むしむし**します。

   --- The air is **damp** and it becomes **steamy** as the
   temperature rises.

じめじめ
JIME-JIME

むしむし
MUSHI-MUSHI

SHITO-SHITO: depicts rain that falls silently in fine drops.
JIME-JIME: depicts the unpleasant humidity.
MUSHI-MUSHI: depicts the muggy weather.

pronunciation: "**shito**" sounds like "**she**-toe" with each vowel shortened, "**jime**" like "**Jim**-**me**t" with a silent "t", "**mushi**" like "**m**-p**ush**".

かんかん
KAN-KAN

* 太陽（たいよう）が、**かんかん**照（て）っています。

  --- The sun shines **so strong and bright**.

* 日ざしが**ぎらぎら**して、**じりじり**と暑（あつ）い一日（いちにち）です。

  --- With the **harsh glare** of the sun, it's **sizzling** hot today.

ぎらぎら
GIRA-GIRA

じりじり
JIRI-JIRI

KAN-KAN: depicts the sunlight that beats down intensely.
GIRA-GIRA: depicts the dazzling rays of the sun, blazing.
JIRI-JIRI: depicts the intensity of light and heat, or the sensation of being scorchingly hot.

pronunciation: "**kan**" sounds like "**k**-s**un**", "**gira**" like "**g**-k**iller**" with the last vowel shortened, "**jiri**" like "**j**-m**illi**".

ぽっかり
POKKARI

むくむく
MUKU-MUKU

* 青空に**ぽっかり**と雲が浮かんでいます。海の上では、たくさんの雲が**むくむく**と湧きあがっています。--- In the blue sky, **a puff of** cloud is floating. Above the sea, many clouds are **arising and swelling**.

* それはやがて、**もくもく**と大きな入道雲になります。
--- Then the clouds **pile up** to make a gigantic thunderhead.

もくもく
MOKU-MOKU

POKKARI: depicts a little lump of some light object floating in the air (or on the water).

MUKU-MUKU: depicts the movement of some soft thing (clouds, smoke, etc.) arising continuously and growing bigger.

MOKU-MOKU: also depicts the movement of some soft thing swelling up, but emphasizes its development rather than its beginning.

pronunciation: "**pokkari**" sounds like "**pock-alley**", "**muku**" like "**m-book**", "**moku**" like "**mock**".

ごろごろ
GORO-GORO

ぴかっ
PIKA'

* 雷がごろごろ鳴り、稲妻がぴかっと光ります。

  --- The thunder **rolls** and the lightning **flashes**.
* 波がざぶんざぶん、今日の海はとても荒れています。

  --- With big waves **rolling and crashing**, the sea is very rough today.

ざぶんざぶん
ZABUN-ZABUN

GORO-GORO: the rumbling sound of thunder.
PIKA': depicts the strong flash of light.
ZABUN-ZABUN: the sound of the sea (or any great amount of water)
    billowing, surging, splashing.

pronunciation: "**goro**" sounds like "**g**-p**olo**", "**pika'**" like "**pick-u**p" with
    the stress on "up" and a silent "p", "**zabun**" like "**z**-h**ub**-**boom**".

からっ
KARA'

すかっ
SUKA'

* 空は**からっ**と晴<ruby>晴<rt>は</rt></ruby>れて、**すかっ**とした気分<ruby>気分<rt>きぶん</rt></ruby>です。

  --- The sky is **bright and clear**, it's **refreshing**.

* 空気<ruby>気<rt></rt></ruby>が**ひんやり**して、秋<ruby>秋<rt>あき</rt></ruby>を感<ruby>感<rt>かん</rt></ruby>じます。

  --- It's **cool and crisp**, I feel autumn in the air.

ひんやり
HINYARI

KARA': depicts the sky which has cleared up, the atmosphere without any obstacle.
SUKA': depicts the sensation of becoming free of all worries.
HINYARI: depicts the pleasant feeling of being in the cool fresh air or by touching some cold thing.

pronunciation: "**kara'**" sounds like "ki**ck-a-ru**t" with a silent "t", "**suka'**" like "**s-cu**p" with a silent "p", "**hinyari**" like "**hin**t-**y-alley**".

ひゅるひゅる
HYURU-HYURU

はらり
HARARI

* **ひゅるひゅる**と風がうずまき、木の葉が**はらり**と落ちます。
  --- The **whistling** wind whirls a leaf **gently away** from the branch.
* 風はさらに強く**びゅーびゅー**と吹いて、木の葉は**はらはら**と散っていきます。 --- The wind gets stronger **with a whizz** and makes the leaves **flutter down** in the air.

びゅーびゅー
BYUU-BYUU

はらはら
HARA-HARA

HYURU-HYURU: the sound of the wind stirring in the air.
HARARI: depicts the movement of some light and thin object coming off and falling silently.
BYUU-BYUU: the sound of the wind blowing hard.
HARA-HARA: depicts the movement of some light and thin object continuously falling. Also, to depict teardrops falling.

pronunciation: "**hyuru**" sounds like "**hue**-**rue**" with each vowel shortened, "**harari**" like "**hah**-**rah**-**lee**" also with the vowels shortened, "**byuu**" like a part of "**beau**tiful", "**hara**" like "**hah**-**rah**".

ちらちら
CHIRA-CHIRA

しんしん
SHIN-SHIN

* 雪がちらちら降りはじめ、夜はしんしんと深まってきます。
  --- The snow begins to fall **flickering** down, and the night
  deepens **in silence**.
* あたり一面しーんと静まるなか、**ぬくぬく**した家に家族が
  集まっています。 --- While the **profound silence covers**
  all around, the family gathers in the **warm and cozy** house.

しーん
SHIIN

ぬくぬく
NUKU-NUKU

CHIRA-CHIRA: depicts the movement of some light tiny thing (snowflakes, flower petals) falling slightly, trembling.
SHIN-SHIN: depicts the silence growing gradually. Also, to depict the snow silently falling and steadily piling up.
SHIIN: depicts the scene of complete and utter silence.
NUKU-NUKU: depicts the condition of being warm and comfortable.

pronunciation: "**chira**" sounds like "**chill**-**a**", "**shin**" just like "**shin**", "**shiin**" like "**sheen**" with flat intonation, "**nuku**" like "**nook**".

自然を感じる言葉
The words to feel the nature

オノマトペの主な使いかた

多くのオノマトペが副詞として働き、主に動詞を修飾しますが、中にはまた「**ぽかぽか**暖かい」「**どんより**暗い」「**ひんやり**冷たい」等と形容詞を、「**すかっと**さわやかだ」等と形容動詞を修飾することもあります。

この章で「**する**」と結びつきやすいのは、**ぽかぽか / ゆっくり / どんより / じめじめ / むしむし / ぎらぎら / からっと / すかっと / ひんやり / しーんと / ぬくぬく**等です。

形容動詞の活用語尾「**だ**」を伴い「今日は**ぽかぽかだ**」「服が**びしょびしょに**なった」等と表現されるものもあります。

to apply in practice

Many onomatopoeias function as adverbs to modify mainly the verbs. However, some also modify the adjectives; e.g.,"**poka-poka** atatakai"="comfortably warm", "**donyori** kurai"="depressingly dark", or "**hinyari** tsumetai"="pleasantly cool", and some modify the "na-adjectives"; e.g., "**sukatto** sawayaka **da**"="crisply-refreshing".

In this chapter, **POKA-POKA / YUKKURI / DONYORI / JIME-JIME / MUSHI-MUSHI / GIRA-GIRA / KARATTO / SUKATTO / HINYARI / SHIIN-TO / NUKU-NUKU** tend to compound with "**suru**".

There are those that compound with the inflections of the "na-adjectives"; e.g., "kyo wa **poka-poka da**"="It's warm today" and "fuku ga **bisho-bisho ni** natta"="my clothes became soaked".

さんさんと san-san-to / ぴかっと pikatto /
からっと karatto / すかっと sukatto / はらりと harari-to /
しーんと shiin-to

参考文献

* 五味太郎 / 著『英語人と日本語人のための日本語擬態語辞典』
  ジャパンタイムズ (1989)
* 山本弘子 / 著『音とイメージでたのしくおぼえる　擬声語・擬態語 (初・中級)』
  (すぐに使える実践日本語シリーズ 1) 専門教育出版 (1993)
* 小野正弘 / 編『擬音語・擬態語 4500 日本語オノマトペ辞典』小学館 (2007)
* 山口仲美 / 編『擬音語・擬態語辞典』(講談社学術文庫) 講談社 (2015)
* 清ルミ / 著『日本人がよく使う 日本語会話 オノマトペ基本表現 180』
  J リサーチ出版 (2018)

157

著者紹介　About the author

きのとりこ

イラストレーター、絵本作家。

東京生まれ。幼少期をオーストラリアで過ごし、マザーグースを愛読して育つ。青山学院大学文学部英米文学科卒業後、「木野鳥乎」の名前で、フリーのイラストレーターとして活動、現在に至る。いっぽう、絵本制作では、企画から執筆、造本まで含めて行う機会が多く、テーマは、科学・哲学・語学等、多岐にわたる。近著『やさしい死神』(千倉書房 2019) は、自死を考える女性と死神との対話を描いた物語絵本。他に、迷路やぬりえとして遊ぶこともできる、自然科学絵本『ミツバチと花の迷宮』(評論社 2019) がある。

KINOTORIKO

Illustrator, picture book author.

Born in Tokyo, lived in Australia in her childhood, during which a book of Mother Goose was her favorite. Majored in English and American literature in Aoyama Gakuin University and after graduation, works as a self-employed illustrator under the name of "Toriko Kino". As an author of picture books, "kinotoriko" plans, writes and also designs the structure of books on diverse subjects, e.g., science, philosophy, language, etc.

Recent works: *Tender is the Death* (Chikura Publishing. 2019), an illustrated story of a dialogue between a lady who has a death-wish and the gentle Death. *Honeybees and the Labyrinths of Flowers* (Hyoron-sha. 2019), an activity-book for coloring with mazes, on natural science.

Studio Kinotoriko: www.kinotori.com

おなかぺこぺこオノマトペ
I'm PEKO-PEKO Hungry!

2019 年 10 月 19 日　初版第 1 刷発行
2022 年　9 月 17 日　　　第 3 刷発行

著者 / きのとりこ
発行者 / 千倉成示
発行所 / 株式会社　千倉書房
　　　　〒 104-0031　東京都中央区京橋 3-7-1
　　　　03-3528-6901（代表）
　　　　https://www.chikura.co.jp/

装幀・レイアウト / 木野鳥乎
英語校正 / Shannen Polzin（Go! Go! Nihon）
印刷・製本 / 藤原印刷

© KINOTORIKO　2019　printed in Japan
ISBN 978-4-8051-1183-3　C0081

さくいん Index (ABC)